역사 속 승자와 패자를 가른 결정적 한마디

# 역사속 승자와 패자를 가르는 결정적 한마디

김봉국 지음

시그니처
SIGNATURE

# 당신 인생의 '결정적 한마디'는 무엇입니까?

나이가 들면 현명해지는 줄 알았습니다. 그런데 오히려 겁이 많아집니다. 경험이 쌓일수록 위험요소가 눈에 들어오기 때문입니다. 앞만 보고 질주했던 때와 달리 이제는 한 발짝 움직이는 데에도 경우의 수를 계산하곤 합니다. 수없이 넘어져 봤고, 수없이 흔들려 봤으니 말입니다.

'흔들리지 않고 피는 꽃이 어디 있으랴'. 도종환 시인이 읊조렸던 것처럼 수백 번 수천 번 흔들린 결과 지금 우리는 여기에 와 있습니다. 그리고 앞으로 얼마나 더 많이 흔들리게 될지 알 수 없습니다. 그러나 흔들리는 꽃들도 깊이 박힌 뿌리가 있기에 버틸 수 있듯이, 우리도 마음속에 깊이 박힌 지향점이 있다면 아무리 흔들려도 굳건히 자리를 지킬 수 있지 않을까 생각해 봅니다.

인생이란 결국 새로운 길이 나타났을 때, 갈 것인지 말 것인지 결정하는 과정의 연속이 아닐까 합니다. 생각 없이 걷다 보면 남들과 비슷한 방향, 비슷한 속도로 갈 수는 있습니다. 그러다가 때로는 좁고 험한 길이나 중간에 끊기는 길을 만나기도 합니다.

그때 우리는 결정을 해야 합니다. "여긴 못 가"라며 돌아가는 대다수를 따라 나도 크고 넓고 사람이 붐비는 길로 갈 것이냐, 아니면 위험하고 힘들겠지만 나만의 길을 가 볼 것이냐를 말입니다.

 남들이 가지 않는 길로 나아가는 것이 반드시 옳지는 않습니다. 마찬가지로 사람들이 많이 가는 길을 따라간다고 비겁한 것도 아닙니다. 다만 왜 그 길을 선택했는가에 대한 분명한 이유가 있어야 합니다. 그래야 지치지 않고 갈 수 있습니다. 내가 가고자 하는 곳이 어디라는 분명한 지향점이 있다면 새로운 길을 만났을 때도 주저할 필요가 없습니다.


 70년대 중국의 덩샤오핑이 주창한 '흑묘백묘(黑猫白猫)론'. 검은 고양이든 흰 고양이든 쥐만 잘 잡으면 된다는 실용주의가 담긴 말입니다. 이후 이 말은 중국 개혁개방의 상징처럼 사용되었고, 13억 중국인들은 이 짧은 한마디를 머릿속에 새겼지요. 이념이나 사상이 중요한 게 아니라, 목적을 달성하기 위한 실용성이 중요하다는 생각이 전 중국 사회에 퍼져나갔습니다. 중국이 오늘날 세계에서 손꼽히는 강국이 된 것은 덩샤오핑의 강력한 이 한마디 덕분이라고 하면 과언일까요?

 '흑묘백묘' 이 한마디는 아마도 덩샤오핑 자신이 오래 품어 온 지향점이었을 거라는 생각이 듭니다. 이 말은 본래 사천 지방의 '황묘흑묘(黃猫黑猫)'라는 속담에서 유래되었는데, 덩샤오핑은 열여섯 살이 될 때까지 사천의 시골에서 자랐습니다. 그는 젊은 시절 지혜로운 어른들로부터 들었던 이 한마디를 마음속에 품고 있다가 중국의 거대한 변화를 이끄는 지표로 사용했을지 모를 일입니다.

어디로 가야 할지 알 수 없을 때 역사 속 짧은 한마디는 엄청난 힘을 발휘합니다. '계륵(鷄肋)'도 그렇습니다. 흔히 '먹자니 별 것 없고, 버리자니 아까운 것'을 가리키는 이 말은 나관중의 『삼국지연의』에 나옵니다.

유비의 군사를 치러 간 조조는 험난한 한중의 지형을 방패 삼아 버티는 유비군을 쉽게 깨부수지 못한 채 군량미만 축내며 힘든 나날을 보내고 있었습니다. 어느 날 조조의 저녁식사에 닭의 갈비로 끓인 국이 올라왔는데, 조조는 그것을 보고 생각에 잠겼습니다. 때마침 부관이 저녁 암호를 무엇으로 할지 물으러 오자, 조조는 무심결에 '계륵'이라고 답했습니다.

그 말을 들은 양수라는 부하는 철수를 준비하기 시작했지요. 조조의 생각을 꿰뚫은 것으로 과연 다음날 아침 철수 명령이 떨어졌습니다. 이러지도 저러지도 못하는 애매한 상황에서 '계륵'이라는 한마디가 조조에게 결단을 내리게 만든 것입니다.

짧은 한마디가 역사를 바꾼 사례는 수없이 많습니다. 그 속에서 승자와 패자가 나뉘는 지점은 언제나 명확했습니다. 중심을 잡고 과감하게 결단하느냐, 아니면 머뭇거리다가 상황에 떠밀리느냐입니다. 과감하게 결단하는 사람들에게는 언제나 흔들리는 가운데에서도 중심을 잡아주는 무게추가 있습니다. 지향점 혹은 방향성이라 불리는 그것들은 대개 짧은 한마디로 요약되어 마음속에 박혀 있습니다.

저는 그 무게추를 고전, 특히 동양고전에서 찾았습니다. 삼천 년 지혜가 담긴 동양고전의 백미는 고사성어 또는 사자성어로 대변되는 동양식 아포리즘입니다. 동양의 아포리즘은 서양의 그것과 달리, 말만으로 완성되는 경우는 거의 없고 늘 숨은 뒷이야기가 있습니다. 압축과 스토리텔링의 묘미까지 갖춘 셈이죠.

그 속에는 시대를 주름잡은 영웅들뿐 아니라 평범하지만 지혜로운 범인(凡人)들, 웃음으로 가르침을 주는 우인(愚人)들도 등장합니다. 역사적 사실일 수도, 우리 주위에서 흔히 벌어지는 상황일 수도 있는 이 이야기에는 고도의 풍자와 은유가 숨어 있습니다. 그래서 수천 년이 지난 지금도 여전히 유효한 메시지를 전하고 있는지도 모르겠습니다.

모든 서사(敍事)는 양면성을 가지고 있습니다. 같은 이야기도 이쪽의 입장에서 바라보는 것과 저쪽의 입장에서 해석하는 의미가 다릅니다. 상황에 따라서, 입장에 따라서, 시대에 따라서 새로운 의미가 부여됩니다. 내가 알고 있던 고사성어가 어느 순간 그동안 깨닫지 못했던 새로운 의미로 퍼뜩 다가오기도 합니다. 그래서 곱씹으면 곱씹을수록 맛이 깊을 수밖에 없습니다.

청운의 꿈을 안고 기자의 길에 들어섰고, 새로운 시대 새 패러다임을 꿈꾸는 언론사를 창간했습니다. 길지 않은 인생 참으로 다양한 일들이 있었습니다. 수없이 흔들렸고 수없이 고민했습니다. 그때마다 다시 고전에서 길을 찾았습니다. 고전 속에 꽂아 놓은 책갈피들을 뒤적였고, 고사성어를 꾹꾹 눌러 써보며 다시 마음을 다잡을 수 있었습니다. 저에게 고사성어는 어릴 적 선생님에게 꾸중 들으며 외웠던 그 한자가 아니라, 삼천 년 어치의 지혜가 네 개의 글자로 압축된 단단한 가르침이었습니다. 어쩌면 매번 흔들려도 늘 제자리로 돌아오고 혹은 조금이라도 앞으로 나아갈 수 있었던 것은 그 덕분일지 모릅니다.

신년사마다, 취임사마다 빠지지 않는 게 고사성어입니다. 때로는 식상하다는 느낌이 들기도 하지만, 단언하건대 절대 가벼운 글자들이 아닙니다. 그 한마디를 통해 나와 우리 조직이 나아갈 방향과 길을 고민해볼 수 있습니다. 리더십을 갖춘 리더의 한마디라면 더욱 힘이 실릴 것입니다.

당신에게는 흔들릴 때마다 붙잡아줄 아포리즘이 있습니까? 다시 제자리로 돌아오게 해줄 무게추 같은 메시지가 있습니까?

손으로도 써보고, 마음에도 새겨보는 사자성어에서 해답을 찾아보시길 바랍니다. 어쩌면 마음까지 치유되는 그 놀라움을 여러분과 공유하고 싶습니다. 그리하여 우리 모두 스스로 '결정적 한마디'를 찾아내어 인생의 승자가 되기를 바랍니다.

2016년 여름의 끝자락에서
김봉국 드림

## 3장. 새로움은 역사 속에 있다
**─남과 다른 통찰력이 필요한 당신을 위한 한마디**

# 4장. 돈보다 사람에 투자하라

**–사람의 마음을 얻고 싶은 당신을 위한 한마디**

# 5장. 변할 것이냐, 죽을 것이냐

**– 함정에 빠진 당신을 위한 한마디**

## 6장. 누구와 함께 갈 것인가

### —현명하게 이끌고 싶은 당신을 위한 한마디

# 능력이 아니라 용기를 잃은 것이다

## ―나약해지는 당신을 위한 한마디

## 실패해도 꿈을 크게 가져야 하는 이유

거센 바람을 타고 거친 파도를 가르다.
남북조 시대 장군 종각이 한 말에서 비롯된 성어로,
가슴에 큰 꿈을 품고 힘차게 나아가는 모습을 의미한다.
처음부터 꿈을 크게 갖는 사람과
작은 꿈에 만족하는 사람의 차이는
시간이 흐를수록 벌어질 수밖에 없을 것이다.

등산을 하면서 산 정상까지 가려고 마음먹고 출발하면 산허리까지는 쉽게 갈 수 있다. 하지만 처음부터 적당히 산허리까지만 가려고 한다면 산 밑바닥을 채 벗어나기도 전에 금방 피곤함을 느끼게 된다. 무슨 일을 하든지 최고를 목표로 하면 최선을 다하게 된다는 얘기다. 무엇보다 일을 시작할 때 그 일에 있어 최고가 되려는 목표를 설정하는 것이 중요하다.

사업으로 성공한 사람도 크게 다를 바가 없다. 원대한 꿈을 가지고 열정적인 몰입으로 완벽한 가치를 추구한다면, 성공은 저절로 따라올 수밖에 없다. 여기에서 제일 중요한 것은 꿈이다. 현대 경영학의 아버지로 불리는 경영학자 피터 드러커는 "사람은 꿈의 크기만큼 자란다"고 역설하며 "사람들은 스스로 설정한 기준, 즉 자신이 성취하고 획득할 수 있다고 생각하는 바에 따라 성장한다"고 했다. 드러커는 또 "자신이 되고자 하는 기준을 낮게 잡았다면 그는 그 이상 성장하지 못한다. 반면 자신이 되고자 하는 목표를 높게 잡았다면 그는 위대한 존재로 성장할 것"이라고도 했다.

중국 남북조시대 때 송나라는 지금의 베트남 땅인 임읍(林邑, 후에 참파라고도 불림)을 정벌하기 위해 원정대를 파견했다. 당시 송나라에는 종각이라는 장군이 있었다. 어려서부터 종각은 무예에 출중했다. 종각이 열네 살 되는 해에 그의 형인 종필이 혼례를 치른 날 밤 집에 떼강도가 들이닥쳤다. 10여 명의 강도들은 종각을 이기지 못하고 도망쳤다. 이를 기특하게 여긴 종각의 숙부인 종병이 그에게 "장차 무엇이 되고 싶냐"고 묻자, 종각은 "거센 바람을 타고 만 리의 거친 물결을 헤쳐 나가고 싶습니다"라고 대답했다. 종각의 말에 숙부는 물론이고 주변 사람들 모두 탄복했다.

여기에서 '승풍파랑(乘風破浪)' 또는 '장풍파랑(長風破浪)'이라는 말이 유래했다. 이 말은 원대한 포부를 지칭한다. 뜻한 바를 이루기 위해 온갖 난관을 극복하고 나아감을 비유할 때에도 사용한다.

어느 날 갑자기 미국 대통령이 해군 참모총장을 호출했다. 해군 참모총장은 장군 예복을 세탁소에 맡겨 두고 있었기 때문에 급히 세탁소로 예복을 찾으러 갔지만 세탁소의 실수로 그만 계급장을 분실하고 말았다. 그는 급히 병영 내에 방송을 했다.

"혹시 참모총장 계급장을 가지고 있는 병사는 속히 참모총장실로 가지고 오라."

다급한 나머지 방송을 했지만 큰 기대는 하지 않았다. 누가 참모총장의 계급장을 일부러 가지고 있겠는가. 그런데 한 소위가 계급장을 가지고 참모총장실로 달려왔다.

해군 참모총장은 안도하면서도 소위에게 물었다.

"아니, 자네가 왜 참모총장의 계급장을 가지고 있나?"

"제 여자친구가 참모총장이 되라며 이 계급장을 선물로 준 것입니다."

이렇게 답한 소위는 실제로 해군 참모총장이 되었다. 미국에서 가장 존경 받는 해군 참모총장인 체스터 니미츠다. 미국에서는 최고의 핵 항공모함을 '니미츠호'라고 명명하기도 했다. 니미츠의 아내가 연애 시절에 그에게 큰 꿈을 심어주었고, 그는 그 꿈을 이룬 것이다.

성공한 CEO들은 작은 성공에 만족하는 것이 가장 큰 적이라고 말한다. 인도 IT산업을 대표하는 위프로테크의 아짐 프렘지 회장은 벤처기업을 창업하더라도 큰 꿈을 가지고 시작하라고 주문한다. 그는 "당신의 목표를 사람들이 비웃지 않는다면 그건 너무 작은 것이다"라고 말했다.

'큰 꿈을 꾸는 것이 중요하다'는 말은 너무도 자주 듣기 때문에 식상하다고 생각할 수 있다. 세상이 극도로 양극화되고 부(富)의 세습이 고착화되다 보니 꿈에 대한 무용론도 거세지고 있다. '금수저'와 '흙수저'로 구분되는 세상에서 '꿈을 꾸면 뭐해, 어차피 이루지도 못할 건데'라는 한탄도 예사롭지 않다.

하지만 이럴 때일수록 꿈에 대한 의미를 다시 되새겨야 한다. 꿈을 아예 꾸지 않으면 '루저'로서 아무것도 할 수 없지만, 꿈을 꾸고 도전하면 실패를 겪더라도 남는 게 생긴다. 남들이 비웃더라도 큰 꿈을 꾸어야 한다. '잘하면 임원은 되겠지'라는 생각으로 회사에 다니다 보면 임원이 되기 전에 구조조정을 당할 수도 있다. '반드시 CEO가 되겠다'는 생각을 가져야 한다. 적당히 임원이 되려는 생각을 가진 사람과 반드시 CEO가 되겠다는 꿈을 가진 사람은 주어진 일을 처리하는 자세부터 달라진다.

큰 꿈을 갖지 않고서 남들의 꿈을 허황된 것으로 비웃는 일은 비겁하다. 스스로 생존에 대한 두려움을 가진 나약한 사람이라고 자인하는 것과 같다. 남들이 무시하고 비웃더라도 나만의 꿈을 가질 때 길이 보인다. 그래야 어떻게 생존할 것인가가 아니라 어떻게 성장해 나갈 것인가를 고민하게 된다.

승풍파랑 : 거센 바람을 타고 거친 파도를 가르다.

| 乘 | 風 | 破 | 浪 |
|---|---|---|---|
| 탈 승 | 바람 풍 | 깨뜨릴 파 | 물결 랑 |
| 乘 | 風 | 破 | 浪 |
| 乘 | 風 | 破 | 浪 |
| | | | |
| | | | |
| | | | |

능력이 아니라 용기를 잃은 것이다

人定勝天

인 정 승 천

## 기회는 누가 잡는가

사람의 마음이 하늘을 이긴다.
전국시대 학자인 순자의 가르침에서 비롯된 말이다.
운명을 탓하며 주어진 상황에 굴하고 말 것인가.
아니면 그 운명에서 벗어나기 위해 노력할 것인가?
무엇을 선택할지는 온전히 당신의 몫이다.


일이 잘 안 풀리거나 중요한 선택을 해야 하는 기로에 설 때면 으레 점집을 찾는 사람이 많다. 점을 보는 일이 결정 장애를 극복하는 진통제로 받아들여진다. 일종의 중독일 수도 있다. 그러다 보니 점집이 성행하고 있다. 『주역(周易)』을 공부하는 것도 유행인 듯하다. 길거리엔 사주카페 등의 운명상담 간판을 내건 경우가 늘고 있다. 운명상담은 이미 유망 업종이라는 얘기도 들린다.

인간은 자신의 삶에 대해 불안감을 가질 수밖에 없다. 한평생을 살아가다 보면 자신의 처지에 대한 불만과 불안감이 쌓이니 절로

운수소관이나 팔자타령을 하게 된다.

중국 전국시대 석학 순자는 인정승천(人定勝天)의 용기를 가르쳤다. 사람의 노력으로 천명을 극복하고 위대한 성취를 이룬다는 뜻이다. 비록 자질이 조금 떨어지더라도, 타고난 팔자가 사나워도 이를 고쳐 큰 인물이 될 수 있다는 의미다. 순자는 천리마는 하루에 천 리를 달리지만 늙은 말도 꾸준히 달리면 결국 천 리에 이를 수 있다고 설파했다. 서양 속담에 이런 말이 있다.

"생각을 심으면 행동을 거두고 행동을 심으면 습관을 거둔다. 습관을 심으면 인격을 거두고 인격을 심으면 운명을 거둔다."

올바른 생각을 갖고 노력하는 사람이 좋은 운명을 만든다는 인정승천과 상통하는 말이다.


중국 송나라 때 범문공이 젊은 시절에 유명한 관상가를 찾아갔다. 후일에 재상이 될 수 있는가에 대해 관상을 좀 보아 달라고 했다. 관상가는 범문공을 보고 재상이 못 되겠다고 말했다. 더 이상 할 말을 잃은 범문공은 그냥 밖으로 나올 수밖에 없었다.

며칠 후 범문공이 관상가를 다시 찾아갔다. 그는 이번엔 의원이 될 수 있느냐고 물었다. 오늘날에는 의사가 각광받는 직업이지만 당시에는 사회적 지위가 아주 낮은 직업이었다. 관상가는 범문공에게 "왜 당신은 의원이 되려고 하느냐"고 물었다. 범문공은 "도탄에 빠진 백성을 건지기 위해 재상이 되고 싶었는데 안 된다고 하니, 병고에 시달리는 사람을 돕고 싶어서 의원이 될까 합니다"라고 말했다.

이 말을 가만히 듣고 있던 관상가는 범문공이 장차 훌륭한 재상이 된다고 바꾸어 말했다. 범문공은 이 말을 듣고 "며칠 전에는 재상이 못 된다고 해놓고선 이제 와서 말을 바꾸어 재상이 된다는 이유가 뭐요"하고 물었다. 관상가는 웃으며 "관상이란 색상, 골상, 심상이 있는데 자고로 색상은 골상만 못하고 골상은 심상만 못하다고 했습니다. 솔직히 말해 당신의 색상이나 골상은 시원치 않아 재상감이 아니나, 심상은 충분히 재상이 되겠다는 판단이 들었습니다"라고 말했다. 범문공은 여기에 용기를 얻어 열심히 학문에 정진한 끝에 관상가의 말처럼 후에 명재상이 되었다.

관상은 마음이요, 사주는 노력이다. 관상보다는 심상이 더 낫고 사주는 본인이 어떤 노력을 하느냐에 따라 뜯어고칠 수 있다는 얘기다.

미국의 프로골프 선수인 존 댈리는 '무명에서 영웅(zero to hero)'이라는 전설을 만들었다. 1991년 PGA투어에 입문한 댈리는 그해 PGA챔피언십에 대기선수로 출전 신청을 했다. 대기선수 가운데 마지막 순번인 9번이었다. 메이저 대회를 포기하는 선수는 거의 없기 때문에 그가 출전할 기회는 사실상 없는 상황이었다. 하지만 그는 포기하지 않고 좋은 컨디션을 유지하며 기회가 오기만을 기다렸다.

신기하게도 여러 선수가 기권을 했다. 마지막으로 짐바브웨의 닉 프라이스 선수는 경기 전날에 아내의 출산으로 갑작스럽게 집으로 돌아갔다. 댈리에게 천재일우(千載一遇)의 기회가 찾아온 것이다. 그는 이 대회에 출전해 우승컵을 들어 올렸다. 그 다음해 열린 BC 오픈 대회에서도 우승해 전 세계 골프팬의 관심을 받았다.

일을 하다 보면 마음이 흔들릴 때가 많다. 나에게는 기회가 오지 않고 비켜 가는 느낌이다. 나만 유독 일이 잘 안 풀린다는 생각이 앞선다. 이럴 때 인정승천을 다시 써 보자. 마음을 진정시키고 다시 도전해 보자. 계속 도전하면 어렵게 느껴졌던 일도 조금씩 해결되는 모습을 볼 수 있게 될 것이다.

인정승천 : 사람의 마음이 하늘을 이긴다.

| 人 | 定 | 勝 | 天 |
|---|---|---|---|
| 사람 인 | 정할 정 | 이길 승 | 하늘 천 |
| 人 | 定 | 勝 | 天 |
| 人 | 定 | 勝 | 天 |
| | | | |
| | | | |
| | | | |

金蟬脫殼

금 선 탈 각

## 능력이 아니라 용기를 잃은 것이다

금빛 매미가 허물을 벗다. 화려하게 태어나려면
자신을 가둔 과거의 껍질은 과감하게 부숴버려야 한다.
중국 병법서『삼십육계』중 21계에 등장하는 말로,
본래는 매미가 허물을 벗어놓은 듯이
적이 눈치 채지 못하게 퇴각하라는 의미지만,
오늘날에는 긍정적 의미로 더 많이 쓰이고 있다.

살다 보면 무기력증에 빠질 때가 생긴다. 늘 하던 일에 갑자기 싫증이 나거나 만사가 귀찮다고 느껴진다. 열심히 해도 누구 하나 알아주는 것 같지 않아 흥이 나지 않는다. 주위를 돌아보면 나보다 못한 친구들이 잘나가고 있어 허탈감이 밀려올 때도 있다.

무기력증에 빠지는 것은 능력을 잃은 것이 아니라 용기를 잃은 것이다. 용기를 잃게 되면 진취적인 생각이 줄어들고 모든 일에 신중해진다. 나도 모르게 유리벽을 둘러치고 그 속에 안주하려고만 한다. 작은 성공에 만족하고 새로운 도전에는 겁을 낸다. 그러다 보면 적극성이 떨어진다. 자신의 능력을 과소평가해서 목표를 낮춘다. 이처럼 한계를 설정하면 더 이상 성장할 수 없다.

영국의 정신과 의사인 하드필드는 재미있는 실험 결과를 발표했다. 그의 실험은 사람의 의지가 육체적 힘에 얼마만큼의 영향을 주는지에 대한 것이었다. 실험 대상인 세 명의 남자들의 평균 악력을 측정해 보니 보통 상태에서 평균 악력은 101파운드였다. 그들에게 '당신은 약하다'라고 인식시킨 후 두 번째로 다시 재어 보았더니 겨우 29파운드의 악력밖에 기록하지 못했다. 마지막으로 실험 대상자들에게 '당신은 강하다'라는 인식을 갖게 한 후 악력을 재어 보았더니 약 150파운드를 나타냈다.

결국 내가 가진 힘의 절반 이상은 내 마음가짐에 달려 있는 셈이다. 내가 할 수 있다고 믿는 그 순간부터 성공할 수 있는 확률은 두 배 이상 높아질 수 있다.

한계는 언제나 사람으로 하여금 경험에 지나치게 의존하도록 만든다. 마치 그림자처럼 졸졸 따라다니며 우리의 의지를 암살한다. 스스로 설정한 한계라는 유리벽을 깰 수 있는 것은 결국 우리의 마음이다.


애벌레였던 매미가 성충이 되어 금빛 날개를 가진 화려한 형상으로 바뀐다는 의미의 금선탈각(金蟬脫殼). 금빛 매미가 되기 위해 과감하게 껍질을 벗어던져야 한다는 뜻이다. 중국의 병법서인 『삼십육계(三十六計)』에서 제21계에 나오는 말이다. 금선탈각은 원래 매미가 허물을 벗듯 달아나는 계책을 의미한다. 적군이 압도적으로 강대해서 저항해 보았자 손해만 확대될 상황에서는 마치 그 자리에 머물고 있는 것처럼 보이게 해놓고 주력을 철수시키는 방책이다.

오늘날에는 금선탈각이 '허물을 벗어야 한다'는 뜻으로 더 많이 사용된다. 과거의 성공이나 지위에 연연하지 말고 새로운 도전을 해야 한다는 의미. 개인이나 기업이 혁신을 해야 다시 성장을 기약할 수 있다는 것을 강조할 때 자주 인용된다. 기업 경영을 하는데 있어서 금선탈각은 우리에게 두 가지 교훈을 준다.

첫째는 어느 정도 기업이 성장하면 허물을 벗는 혁신이 필요하다는 것이다. 혁신을 해야만 한계를 극복하고 새로운 성장을 꾀할 수 있다.

둘째는 기업이 성장해 나가는 과정에서 막강한 경쟁자들과 맞서게 될 때 전면전을 피하며 살아남는 묘책을 강구하라는 것이다. 냉혹한 기업 전쟁에서 정면 돌파가 항상 올바른 선택일 수는 없다. 노자의 『도덕경(道德經)』에 "군대도 건강하면 패하고 나무도 강하면 부러진다"라는 구절이 있다. 상황에 맞는 금선탈각이 필요하다.


한때 '독수리의 일생'이라는 영상자료가 기업체의 교육 자료로 인기를 모았다. 독수리는 70년의 수명을 누릴 수 있는 새이다. 독수리는 35년 정도 살면 중대한 결단을 해야 한다. 부리는 다 닳아 음식을 먹을 수 없고 두껍고 무거워진 날개로는 잘 날 수가 없다. 무뎌진 발톱으로는 더 이상 사냥을 할 수도 없다. 이대로 살다 죽을 것인가? 아니면 정말 고통스러운 환골탈태의 과정을 겪을 것인가?

변화를 선택한 독수리는 높은 바위산에 올라 무겁고 둔탁한 날개의 깃털을 스스로 뽑아버리고 무뎌진 부리와 발톱을 바위에 찧어 제2의 삶으로의 부활을 준비한다. 몇 달간의 고통을 참아낸 독수리는 새로운 부리와 날개, 발톱으로 35년을 더 살아간다. 과학적인 사실 여부를 떠나 이 얘기는 큰 감흥을 불러일으켰다.

변화 없이는 새로운 삶도 없지만, 변화는 반드시 고통이 따른다. 직장인이 하던 일을 그만두고 불확실한 미래에 자신을 던지는 것은 결코 쉽지 않다. 기득권을 포기할 때 겪을 사회적 소외감과 불편함은 물론 안정적 수입에 대한 불안감이 항상 발목을 붙잡는다.

고치를 찢고 나와야 날 수 있다. 설사 새로운 세상에 적응하기 위해 또 다른 고통이 따르더라도 후회할 필요는 없다. 고치 속에서 서서히 메말라 가는 것보다는 새 세상을 경험하는 것이 더 소중하기 때문이다.

금선탈각 : 금빛 매미가 허물을 벗다.

| 金 | 蟬 | 脫 | 殼 |
|---|---|---|---|
| 쇠 금 | 매미 선 | 벗을 탈 | 허물 각 |
| 金 | 蟬 | 脫 | 殼 |
| 金 | 蟬 | 脫 | 殼 |
| | | | |
| | | | |
| | | | |

능력이 아니라 용기를 잃은 것이다

## 방법을 찾는 것인가
## 핑계를 찾는 것인가

가던 길을 중간에 멈추다.
『논어』의 「옹야」편에 나오는 공자의 가르침이다.
비록 중간에 그만두게 되더라도 아예 시작하지 않는 것보다는 낫다.
부끄러운 일은 실패하는 것이 아니라,
아무 것도 시도하지 않는 것이다.

누구나 새해가 되면 새로운 계획을 세우지만 금방 흐지부지되고 만다. 그러고는 '굳게 먹은 마음이 사흘을 못 간다'라는 작심삼일 (作心三日)을 떠올리며 허탈해한다.

신정과 구정으로 설이 두 번 있어 좋다는 사람도 많다. 신정에 세운 계획이 작심삼일로 공수표가 되면 구정에 다시 계획을 세울 기회가 있으니 위안이 된다는 것이다. 이처럼 중간에 그만두더라도 끊임없이 계획을 세워 시도해 보는 것도 나쁘진 않다.

기업도 마찬가지다. 기업에 새로운 도전을 장려하는 문화를 만들어야 한다. 대체로 기업들이 매년 연말에 다음 연도 사업계획서를 짤 때면 고민이 많다. 그동안 하지 않았던 새로운 사업 아이템을 추가하기가 쉽지 않기 때문이다. 하는 수 없이 올해 예상되는 매출액을 근거로 해 내년도 매출 목표를 적당히 늘려 잡는 경우가 대부분이다. 관성적으로 사업부문별 매출을 10퍼센트 올리겠다는 계획서를 제출하는 것이다.

이런 사업계획서에는 분명히 문제가 있다. 그동안 최선을 다해 100퍼센트 노력을 했다면 새로운 아이템 추가 없이 매출을 10퍼센트나 더 늘리는 것은 매우 힘들다. 근거나 대안 없는 10퍼센트 목표 상승은 현실성도 없고 무성의하다. 경영자들도 대부분 이를 알고 있다.

실무자 입장에서는 새로운 사업 아이템을 찾아서 사업계획서를 다시 짜라는 지시가 내려오면 겁부터 난다. 혹시 잘못되면 어떻게 할까 하는 두려움이 앞서는 것이다. 오랜 고민 끝에 새로운 투자를 전제로 사업 아이템을 추가해서 보고해도 달라지는 것은 별로 없다. 이번에는 경영진에서 가급적 투자는 줄이고 매출을 늘리는 방식을 강구해 보라고 주문한다. 투자를 했다가 중도에 포기하거나 실패하면 곤란하다는 게 경영진의 생각이다.

물론 경영은 항상 타이트하게 해야 하고 불요불급한 투자는 늘릴 필요가 없다. 하지만 새로운 시도를 하려는 의욕마저 꺾어서는 안 된다. 실패에 대한 걱정이나 중도 포기에 대한 우려도 지나치면 독이 된다. 무슨 일이든 자꾸 시도를 해 보아야 발전이 있고 성장하는 법이다. 개인이든 조직이든 새로운 일에 도전하는 것을 겁내면 아예 시도 자체를 하지 않게 된다.

『논어(論語)』의 「옹야(雍也)」편에는 이런 구절이 있다. 염구가 공자에게 "선생님의 도를 좋아하지 않는 것이 아니라 힘이 부족합니다"라고 하자 공자는 "힘이 부족한 사람은 할 수 있는 데까지 해보다가 중도에 폐지하는 법인데 지금 자네는 아예 못한다고 선을 그어놓고 있다"고 말했다.

여기에서 '중도이폐(中道而廢)'라는 말이 유래했다. 글자대로 해석하면 일을 하다가 중간에서 그만둔다는 뜻이다. 공자가 염구에게 이 말을 한 것은 일을 해보지도 않고 포기하는 것을 경계하는 뜻에서였다. 일단 해보고 도저히 안 되면 그때 가서 그만두는 것이 옳은 처사라는 것이 공자의 가르침이다.

작심삼일이 될까 봐 시도도 안 하는 것보다 일단 시도해 보는 것이 좋다. 그 '삼일'이 모여서 인생이 된다. 뭔가 하려고 마음먹으면 새로운 길이 보일 것이다. 세상에는 하지 않으려는 핑계가 참 많다. 할 수 있는 일도 어쩔 수 없이 못한다고 꽁무니를 빼는 경우도 허다하다.

현대그룹 창업주인 정주영 회장은 맨손으로 해외 건설과 중공업 건설에 뛰어들고 조선 산업과 자동차 산업을 일류로 이끌어냈다. 그는 신사업을 하면서 남들이 생각지 못한 기발한 아이디어로 숱한 일화를 남겼는데, 조선소 설립에 필요한 차관을 얻기 위해 500원짜리 지폐를 사용한 것이 그중 압권이다.

1971년 9월 정 회장은 현대중공업 조선소 건설 당시 세계적인 선박 컨설팅 회사인 A&P애플도어의 찰스 롱바텀 회장을 만나기 위해 영국 런던으로 날아갔다. 면담 도중 배를 건조하는 기술력에 대한 문제 제기가 있자 정 회장은 바지 주머니에서 500원짜리 지폐를 꺼냈다. 그는 지폐에 인쇄된 거북선 그림을 롱바텀 회장에게 보여줬다. 정 회장은 "우리는 영국보다 300년 전인 1500년대에 이미 철갑선을 만든 잠재력을 그대로 갖고 있다"며 설득했다.

정 회장은 또 "배에 하자가 있으면 원금을 돌려주고 계약금에 이자까지 주겠다"는 자신감으로 아직 건설되지도 않은 조선소의 유조선을 두 척이나 팔았다. 이렇게 1974년 탄생한 현대중공업 울산 조선소는 국내 중공업 분야 중흥의 서막을 알렸다. 세계 조선 시장 점유율 1퍼센트에도 미치지 못하던 우리나라가 세계 조선의 최강국으로 도약하는 계기는 이렇게 마련됐다.

왜 사람들은 정주영 회장처럼 시도하지 못하는가? 실패에 대한 관용이 부족하기 때문에 시도조차 못하는 것이다. 또 실패를 딛고 일어설 만한 환경이 조성돼 있지 않기 때문이다. 경영자들은 대체로 말로는 새로운 시도를 장려하면서도 막상 결과가 나쁘면 용인하지 않으려는 경향을 보인다. 개인이라도 어떤 시도를 했다가 실패하면 재기할 수 있는 기회가 잘 주어지지 않는다. 한마디로 '성공할 수 있는 시도를 하라'는 것이다. 그러다 보니 어느 누구라도 주저할 수밖에 없다.

하지만 씨를 뿌리지 않으면 운 좋은 성공도, 운 나쁜 실패도 경험할 수 없다. 사람은 평상시 행동에 이미 성공과 실패의 싹을 틔우고 있다. 하고 싶은 사람은 방법을 찾아내고 하기 싫은 사람은 핑계를 찾아낸다. 처음부터 미리 포기하기보다는 시도를 하다가 정말 안 되면 그때 그만두는 용기를 가져야 한다.

중도이폐 : 가던 길을 중간에 멈추다.

| 中 | 道 | 而 | 廢 |
|---|---|---|---|
| 가운데 중 | 길 도 | 말이을 이 | 그만둘 폐 |
| 中 | 道 | 而 | 廢 |
| 中 | 道 | 而 | 廢 |
|  |  |  |  |
|  |  |  |  |
|  |  |  |  |

守 株 待 兎

수 주 대 토

## 운은 노력하는 사람을 따라다닌다

나무 그루터기 옆에서 토끼가 부딪혀 죽기만을 기다리다.
가만히 앉아서 행운을 기다리는 것만큼 어리석은 일은 없다.
행운은 확률이다.
부지런히 움직이면서 노력할 때
행운의 가능성은 더욱 높아진다.

요즘처럼 살기가 팍팍해질수록 운에 기대는 심리가 강해질 수밖에 없다. 그러나 운명을 좌우하는 것은 주변의 환경이 아니다. 모든 것은 내 손 안에 있다.

옛날 어느 마을 뒷산 암자에 고명한 스님이 도를 닦고 있었다. 그 스님은 어떤 난처한 질문을 해도 막힘없이 답을 해준다고 소문이 나 있었다. 그 마을에 사는 한 영리한 소년이 스님을 골탕 먹일 생각을 하고 스님을 찾아갔다. 소년은 작은 새 한 마리를 손에 쥐고 스님에게 물었다.

"이 새가 죽은 건가요? 아니면 살아 있는 건가요?"

소년은 스님이 만약 살았다고 하면 새를 목 졸라 죽이고, 죽었다고 하면 날려 보낼 심산이었다. 소년은 속으로 '내가 드디어 스님을 이기는구나'라고 생각했다. 스님은 그 소년에게 따뜻한 미소를 지으며 이렇게 말했다.

"그 새의 생사는 네 손에 달렸지, 내 입에 달린 게 아니란다."

소년은 새를 날려 보내며 말했다.

"스님은 어떻게 이토록 지혜로우신가요?"

그러자 스님이 대답했다.

"예전에는 나도 정말 멍청한 아이였다. 그러나 매일 열심히 공부하고 생각하다 보니 지혜가 생기기 시작하더구나. 너는 나보다 훨씬 더 지혜로운 사람이 될 것 같구나."

그러나 소년은 슬픈 기색을 보이며 말했다.

"어제 어머니께서 점을 보셨는데 제 운명이 엉망이라고 했다는 군요."

스님은 잠시 침묵하더니 소년의 손을 끌어당겼다.

"네 손금을 좀 보여 다오. 이것은 감정선, 이것은 사업선, 이것은 생명선, 자 이제는 주먹을 꼭 쥐어 보렴."

소년은 주먹을 꼭 쥐고 스님을 바라보았다.

"네 감정선, 사업선, 생명선이 어디에 있느냐?"

"제 손안에 있습니다."

"그렇지? 네 운명은 바로 네 손안에 있는 것이지 다른 사람의 입에 달린 것이 아니란다. 다른 사람으로 인해 네 운명을 포기하는 짓은 절대로 하지 말거라!"

운은 노력하는 사람을 따라다닌다. 심리학자인 리처드 와이즈먼 영국 하트퍼드셔대 교수는 행운을 얻기 위한 학습이 가능하다고 주장한다. 그는 자기 스스로 '나는 운이 좋다'는 사람과 '나는 운이 나쁘다'는 사람 중 18세에서 84세까지의 사람들 400명을 대상으로 연구를 했다. 와이즈먼 교수는 이 연구를 통해 운이 좋은 사람들은 사물을 바라보는 시각이 긍정적이고 적극적이라는 특성이 있다고 분석했다. 이들은 도전하고자 하는 목표를 분명히 하고 수많은 가능성과 기회에 마음을 연다는 것이다.

또 와이즈먼 교수는 '한 쪽 문이 닫히면 다른 쪽의 열린 문을 찾아 나설 수 있는 긍정 마인드'가 곧 운을 만든다고 했다. 로또를 사지 않고 당첨되는 운을 기대할 수는 없다. 운은 기다림의 대상이 아니라 찾아 나서야 만날 수 있는 존재다.

중국 송나라의 어느 농부가 밭을 갈고 있었다. 그의 밭에는 나무 그루터기가 하나 있었다. 어느 날 토끼가 달려가다가 그 그루터기에 부딪히더니 목이 부러져서 죽고 말았다. 농부는 토끼를 거저 얻게 됐다. 그 일이 있은 이후부터 농부는 밭을 갈던 쟁기를 내팽개치고 나무 그루터기만 바라보며 또다시 토끼가 그 그루터기에 달려와 부딪혀 죽기만을 기다렸다. 하지만 그루터기에 부딪혀 죽는 토끼를 다시는 볼 수 없었다. 결국 이 일로 농부는 송나라 사람들의 조롱거리가 되고 말았다.

『한비자(韓非子)』의 「오두(五蠹)」편에 나오는 이야기다. 나무 그루터기만 지켜보며 토끼를 기다린다는 뜻인 수주대토(守株待兔)가 여기서 유래됐다. 수주대토는 '노력하지 않고 요행만 바라는 어리석은 행동'을 뜻한다. 또 '짧은 지식이나 경험을 고수하며 융통성 없이 행동하는 경우'를 비유해 사용한다.

유럽에서 크게 성공한 로스차일드가(家)가 미국에 진출할 무렵의 이야기다. 로스차일드가는 우선 샌프란시스코에 지점을 내고 교두보를 확보하기로 결정했다. 사장이 지점을 개설하기 위해 인재를 물색했다.

"미국에 지점을 낼 생각인데 며칠이면 떠날 수 있겠나?"

사장의 질문에 첫 번째 사람은 심각한 표정으로 답했다.

"열흘 정도 걸릴 것 같습니다."

사장은 또 다른 이를 불러 물어보았다.

"3일이면 되겠습니다."

이에 사장은 세 번째 사람을 불러 물었고, 그는 이렇게 대답했다.

"지금 곧 떠나겠습니다."

"좋아. 자네는 이제 샌프란시스코 지점장일세. 내일 떠나게."

이 세 번째 사람이 훗날 샌프란시스코 최고의 갑부가 된 줄리어스 메이다.

고대 로마의 철학자 세네카는 "준비가 기회를 만났을 때 생기는 게 행운이다"라고 했다. 막연히 운을 기다리며 수주대토해서는 운을 만날 수 없다. 운을 찾아 나서는 적극성이 필요하다. 운은 기다리는 것이 아니라 만들어 가는 것이다.

수주대토 : 나무 그루터기 옆에서 토끼가 부딪혀 죽기만을 기다리다.

| 守 | 株 | 待 | 兎 |
|---|---|---|---|
| 지킬 수 | 그루터기 주 | 기다릴 대 | 토끼 토 |
| 守 | 株 | 待 | 兎 |
| 守 | 株 | 待 | 兎 |
| | | | |
| | | | |
| | | | |

# 大 器 晚 成

## 대 기 만 성

## 큰 물고기를 잡기 위해선 큰 그물을 짜야 한다

큰 그릇은 오랜 시간이 걸려 만들어진다.
위나라 장수 최염과 최림의 일화에서 비롯된 말이다.
빠르게 빛을 발하는 사람이 있는가 하면,
천천히 진가를 발휘하는 사람도 있다. 사업도 마찬가지다.
빠른 성공도 있지만 서서히 불이 붙는 사업도 있다.
중요한 것은 속도가 아니라, 옳은 방향으로 나아가고 있느냐다.

중국 삼국시대 위나라 조조의 휘하에 최염이란 이름난 장수가 있었다. 그에게는 최림이라는 사촌 동생이 있었는데, 가슴속에 큰 뜻을 품고 있었고 재주도 뛰어났다. 하지만 용모가 그만큼 받쳐 주지 못해 다른 사람보다 출세가 늦었다. 그러다 보니 일가친척들로부터 인정도 받지 못하고 멸시를 당했다. 최염은 최림의 재능을 정확하게 꿰뚫어 보고 있었다. 그는 최림을 조용히 불러 이렇게 격려했다.

"큰 종이나 큰 솥은 그리 쉽게 만들어지지 않는다. 그와 마찬가지로 큰 인물도 성공하기까지 오랜 시간이 걸리는 법이지. 내가 보기에 너도 그처럼 '대기만성(大器晚成)'형이야. 좌절하지 말고 열심히 노력해라. 그러면 틀림없이 큰 인물이 될 것이다."

최림은 사촌 형의 따뜻한 격려를 마음속 깊이 새기고 더욱 정진했다. 마침내 그는 최염의 말대로 삼공(三公)의 지위에 올라 황제를 측근에서 보필하게 됐다. 이 일화를 근거로 대기만성이라는 말이 유행했으며, 큰 인물은 늦게 이루어진다는 뜻으로 쓰인다. 나이 들어 늦게 성공한 사람을 가리키는 말로도 사용된다.

한국 사람의 장점은 급한 성미에 있다고 해도 과언이 아니다. 무슨 일이든 '빨리빨리' 해치우려고 했다. 이런 성급한 성격 덕분에 '한강의 기적'을 이루었는지도 모른다. '빨리빨리' 정신은 선진 기업을 따라잡는 '패스트 팔로우'와 궁합이 맞다.

하지만 사업을 하는 데 속전속결이 반드시 유리한 것은 아니다. 특히 단기 성과주의에 빠지기 시작하면 회사는 크게 성장을 할 수 없다. 창업을 해서 회사를 어느 정도 안정시켜 놓은 CEO가 더 이상 회사를 키우지 못하는 모습을 자주 목격했다. 자세히 실상을 들여다보면 어렵게 사업을 일으킨 탓이기도 하지만, 단기 위주로 매출을 올리는 데 급급한 모습을 보였다. 벌어 놓은 이익잉여금으로 새로운 곳에 투자할 만도 한데 꼭 움켜쥐고 직원들에게 매출을 늘리라고만 독려한다. 옆에서 보면 수익 기반을 넓히는 투자가 필요한 상황이 분명하지만, 그것을 간과하고 있는 CEO들이 많다.

한 중국 전문가가 한국 나무꾼과 중국 나무꾼을 비교한 것이 화제가 됐다. 한국의 '빨리빨리'가 중국의 '만만디'에는 당할 수 없다는 것이다. 이것은 단순히 속도의 문제가 아니라 스케일의 문제일 수 있다. 한국의 나무꾼은 아침 일찍 산에 올라가 혼자서 지고 내려올 만큼의 나무 한 짐을 하면 하산한다. 이튿날에는 장에 나가 나무를 팔아 생계를 잇는다.

중국의 나무꾼은 이와 다르다. 쓰촨성의 나무꾼은 몇 달씩 나무를 해 뗏목을 만들어 장강에 띄우고, 가족들 모두 뗏목에 태우고 나무를 팔러 5,200킬로미터 길이의 장강을 따라 상하이로 간다. 상하이에 도착해 나무를 다 팔고 다시 쓰촨으로 돌아오는 데까지 2년 이상의 긴 시간이 걸린다. 그러면 그 사이 다시 산에는 나무가 자라 있어 땔감이 넉넉하게 또 있다. 하루 나무해서 이튿날 현금을 회수하는 사람과 1년 동안 나무하고 2년 만에 현금을 회수하는 사람은 규모가 다르다.

갈수록 빨라지고 있는 환경 변화에 적응하기 위해서는 '속도 경영'이 절실하다. 하지만 기업이 크게 성장하려면 '스케일 경영'이 중요하다. 당장의 작은 이득을 챙기려다 보면 큰 이득을 놓칠 수 있다.

한국 기업들이 중국에 앞다퉈 진출했지만 결과는 좋지 않았다. 실패 원인으로 여러 가지를 꼽을 수 있겠지만 그중에서도 속전속결로 이익을 챙기려 했기 때문이라는 분석이 설득력을 얻고 있다. 중국 사람들이 길게 보고 관계를 맺으려는 것과 큰 차이를 보여 제대로 된 '꽌시(關系)'를 만들지 못했다는 이야기다. 특히 한국 기업들은 실적이 빨리 나오지 않는다고 중국 현지에 내보낸 임원들을 바로바로 교체하는 우를 범하기도 했다.

　중국에서는 돈독한 인간관계를 만드는 데 먼저 투자해야 한다. 이는 큰 물고기를 잡기 위해 큰 그물을 짜는 것과 같다. 큰 사업이든 큰 인물이든, 만들어지는 데는 시간이 걸릴 수밖에 없다. 바삐 돌아가는 세상일수록 대기만성을 염두에 둬야 한다.

대기만성 : 큰 그릇은 오랜 시간이 걸려 만들어진다.

| 大 | 器 | 晩 | 成 |
|---|---|---|---|
| 큰 대 | 그릇 기 | 늦을 만 | 이룰 성 |
| 大 | 器 | 晩 | 成 |
| 大 | 器 | 晩 | 成 |
| | | | |
| | | | |
| | | | |

左顧右眄

좌 고 우 면

## 결정을 내리지 못하는 이가 가장 나쁘다

좌우를 돌아보며 깊이 고민하다.
위나라 조조의 아들 조식이 오질에게 보낸 편지
「여오계중서」에 등장한 말이다.
본래는 견줄 자가 있는지 좌우를 돌아볼 정도로 뛰어남을 칭찬한 말이지만,
시간이 흘러 여러 가지 상황을 고민하는 모습으로 사용된다.
고민하는 것은 좋지만, 결정하지 못하는 것은 나쁘다.
생각만으로 이루어지는 일은 아무것도 없다.

무슨 일을 하든지 망설임은 최대의 장애물이다. 망설임은 신중함을 가장해 살아가려고 한다. 겉으로는 잘 드러나지 않으면서 결단의 힘을 저하시키고 용기를 빼앗는다.

독수리가 더 빨리, 더 쉽게 날기 위해선 공기의 저항을 극복해야한다. 그렇다고 공기를 모두 없앤 다음 진공 상태에서 날게 하면 독수리는 그 즉시 땅바닥으로 떨어져 아예 날 수 없게 된다. 공기는비행하는 데 걸림돌이지만 동시에 비행을 도와주는 디딤돌 역할을한다. 살아가면서 만나는 장애물은 모두 성공의 조건이 될 수 있다.

장애물이 두려워서 망설이지 마라. 망설이는 것은 오히려 고통을 수반한다.

어떤 일을 하는 데 있어서 앞뒤를 재고 결단하기를 망설이는 태도를 비유하는 고사성어로 좌고우면(左顧右眄)이 있다. 이 말은 원래 좌우를 살펴보며 자신만만한 모습을 표현하는 데 쓰였다.

중국 삼국시대 조조의 셋째 아들 조식은 열 살 무렵 이미 시론 및 사부 10만 자를 외웠다고 할 만큼 총명했다. 민간 시가를 즐기는 등 문장에도 능했다. 조식은 문재가 뛰어난 오질과 친하게 지냈다. 조식은 오질이 문무를 겸비하고 기상이 출중해 고금을 통틀어 견줄 만한 사람이 없다고 찬미했다. 조식이 오질에게 보낸 편지 「여오계중서(與吳季重書)」에는 다음과 같은 내용이 있다.

술잔에 가득한 술이 앞에서 넘실거리고, 퉁소와 피리가 뒤에서 연주하면 / 그대는 독수리처럼 비상하여 봉황이 탄복하고 호랑이가 응시할 것이니 / 한고조의 명신인 소하나 조참도 그대의 짝이 될 수 없고 / 한무제의 명장인 위청과 곽거병도 그대와 어깨를 나란히 할 수 없을 것이요 / 왼쪽을 돌아보고 오른쪽을 살펴보아도 사람이 없는 것과 같다고 할 것이니 / 어찌 그대의 장한 뜻이 아니겠는가.

여기서 '왼쪽을 돌아보고 오른쪽을 살펴보아도'라는 말이 좌고우면이다. 견줄 만한 것이 있나 알아보기 위해 주위를 가볍게 둘러본다는 의미로 쓰인 말이다.

시대가 흐르면서 좌고우면의 쓰임새가 달라졌다. 어떤 일에 대해 '이리 할까 저리 할까' 하고 결단을 내리지 못한 채 망설이는 것을 나타내는 말로 쓰이게 된 것이다. 마키아벨리는 『군주론』에서 "이 세상에서 가장 나쁜 지도자는 잘못된 결정을 내리는 사람이 아니라 결정을 내리지 못하는 사람"이라고 강조했다. 세계적 성공학 연구자인 나폴레온 힐 역시 "실패의 최대 원인은 결단력의 결여"라고 지적했다.

의외로 의욕을 가지고 해보려던 일들이 사소한 리스크의 벽에 부딪혀 좌절되는 일이 많다. 그러나 가장 큰 리스크는 리스크를 지지 않으려는 것이다. 기업이 발전하려면 기업가 정신이 충만해야 한다. 기업가 정신이란 기업가가 위험을 감수하며 도전적으로 새로운 기술과 혁신을 도모해 기업의 성장과 사회적 가치를 창출하려는 의식이다.

가급적 리스크를 지지 않고 회피하려는 것은 그만큼 기업가 정신이 약화되었음을 의미한다. 그러나 기업가 정신이 사라지면 리스크 회피마저 쉽지 않게 된다. 리스크를 져야 리스크를 극복할 수 있다.

맹자는 '불위야 비불능야(不爲也 非不能也)'라고 했다. '하지 않는 것이지, 하지 못하는 것이 아니다'라는 뜻이다. 이는 맹자가 제 나라의 선왕에게 했던 말에서 유래한다. 맹자는 "임금이 임금 노릇을 제대로 하지 못하는 이유는 안 하는 것이지, 할 수 없어서가 아닙니다"라고 했다.

선왕은 "하지 않는 것과 하지 못하는 것은 어떻게 다르지요?"라고 물었다. 이에 대해 맹자는 "태산을 끼고 북해를 뛰어넘는 것을 '못한다'고 하면 이는 정말로 못하는 것입니다. 하지만 어른들을 위해 나뭇가지를 꺾는 일을 '못한다'고 하면 이는 하지 않는 것이지, 못하는 것이 아닙니다. 임금이 임금 노릇을 하지 못하는 것은 태산을 끼고 북해를 넘나드는 일이 아니라 어른들을 위해 나뭇가지를 꺾어 주는 일과 비슷한 것입니다"라고 말했다.

리더가 제구실을 다하지 못하는 것은 마땅히 해야 할 일을 하지 않기 때문인 것이지, 할 수 없기 때문은 아니다. 생각만 한다고 이뤄지는 것은 아무것도 없다. 괴테는 "대담한 태도에는 비범성, 힘, 그리고 마법이 내재돼 있다. 그런데 그러한 것들은 행동하기 전까지는 절대 드러나지 않는다"라고 했다. 영국 속담에는 '1온스의 실천이 1파운드의 관념적 생각보다 낫다'라는 말이 있다. 세계적인 경영자나 경영학자는 대부분 아이디어가 아니라 실행력이 기업의 성공을 좌우한다고 강조한다.

저지르지 않고 이루어지는 일은 없다. 모든 여건이 갖춰지면 시작하겠다는 것은 결국 포기를 의미한다. 모든 것이 갖춰지는 완벽한 타이밍은 영원히 오지 않을 것이기 때문이다. 망설이지 말고 일단 일을 시작한 다음 잘못이 발견되면 고쳐 나가는 습관을 가져 보자. 망설이는 좌고우면이 아니라 결단력을 과시하는 좌고우면이 되어야 한다.

좌고우면 : 좌우를 돌아보며 깊이 고민하다.

| 左 | 顧 | 右 | 眄 |
|---|---|---|---|
| 왼 좌 | 돌아볼 고 | 오른 우 | 돌아볼 면 |
| 左 | 顧 | 右 | 眄 |
| 左 | 顧 | 右 | 眄 |
| | | | |
| | | | |
| | | | |

능력이 아니라 용기를 잃은 것이다

蓋 棺 事 定

개 관 사 정

## 인생은 끝날 때까지 끝난 게 아니다

관을 덮은 후에 일이 정해진다.
두보의 시 「군불견간소혜」에 등장한 말로,
사람은 죽은 뒤에 진정한 평가를 받는다는 뜻.
세상일도 마찬가지다. 완전히 마무리되기 전까지는
언제 상황이 역전될지 모른다.
그러니 인생에서는 섣부른 좌절도, 설익은 자만도 금지다.

사전적 의미로 성공이란 원하는 바를 이루는 것을 말한다. 사람
마다 원하는 바가 다르기 때문에 당연히 성공의 기준도 사람에 따
라 달라질 것이다. 어떤 사람은 돈을 많이 버는 것을 성공이라고 하
고, 또 어떤 사람은 사회적으로 높은 지위를 갖는 것을 성공이라고
판단할 수 있다. 남보다 권력을 더 차지하는 것을 성공으로 생각하
는 경우도 있다. 그래서 사람들은 각자 자신이 설정한 성공의 잣대
를 가지고 자신은 물론 다른 사람의 성공 여부를 판단하곤 한다.

누구나 가지기 원하는 것을 누군가가 상대적으로 더 많이 갖게

되는 경우 통상적으로 성공했다고 보는 경향이 있다. 돈, 권력, 명예, 지위, 인기 등을 다른 사람들의 부러움을 살 만큼 차지하게 된다면 그 부분에서 성공이라고 평가를 내리는 것이다.

하지만 인생을 총체적으로 놓고 볼 때 성공한 삶이란 도식적으로 간단하게 평가할 수는 없을 것 같다. 돈이 많아도 욕을 먹는 사람이 있고, 돈이 없어도 존경받는 사람이 있다. 지위가 높아도 인품이 떨어지는 사람이 있는가 하면, 낮은 지위에도 훌륭한 인품을 가진 사람이 있다. 돈과 권력을 가졌지만 자식이 '망나니'가 되는 경우도 있고, 가난하지만 자식이 반듯하게 잘 성장해서 효도를 다하는 경우도 있다.

직장 생활에서의 성공은 승진으로 인식되기 쉽다. 같은 출발선상에서 출발한 동기생이 먼저 승진을 하면 기가 꺾인다. 나도 나름 열심히 했는데 왜 나를 몰라주느냐는 배신감도 가질 수 있다. 승진의 잣대가 엉터리라고 생각하기도 한다. 능력보다는 정치가 통한다고 불평한다. 직장도 엄연한 경쟁 사회이기 때문에 경쟁에서 살아남아야 한다. 하지만 승진에 대한 지나친 집착과 안달은 자칫 부작용을 초래할 수 있다. 인생은 한두 번의 승진으로 결정되는 것이 아니다. 맹자는 '빨리 진급하는 자는 빨리 퇴임한다(進銳者 其退速)'고 했다. 사람의 일이란 끝나 봐야 알 수 있다.

중국 최고의 시인으로서 시성(詩聖)이라 불렸던 두보는 오랜 유랑 끝에 사천성의 어느 오지에 정착했다. 그리고 그곳으로 유배돼

실의에 빠져 있던 친구의 아들인 소혜에게 위로의 시를 건넸다. 「군불견간소혜(君不見簡蘇徯)」라는 제목으로 전해지는 시이다.

> 그대 보지 못했나 길가에 버려진 연못을
> 그대 보지 못했나 부러져 쓰러진 오동을
> 백 년 되어 죽은 나무가 거문고로 변하고
> 오래된 조그만 웅덩이에 교룡이 숨어 있네
> 사나이 관 뚜껑을 덮어서야 일이 정해지고
> 그대 다행히 아직 늙은이가 되지 않았거늘
> 어찌 산 속에서 불우함만을 탓하고 있는가
> 깊은 산 계곡은 가히 살 만한 곳은 아니지
> 벼락과 도깨비에 광풍까지 겹쳐 오죽하랴

사나이는 관 뚜껑을 덮어야만 일이 정해진다는 '개관사정(蓋棺事定)'이 여기서 비롯됐다. 사람은 죽고 난 뒤에라야 올바르고 정당한 평가를 할 수 있다는 말이다. 포기하지 말고 최선을 다하라는 말로도 쓰인다.

승진을 위해 다른 사람과 경쟁하지만 경쟁의 본질은 자신과의 싸움이다. 자신과의 싸움에서 이겨야만 다른 사람과의 경쟁에서도 이길 수 있다. 노자는 자신을 이기는 자가 진정한 강자라며 자승자강(自勝者强)을 강조했다.

"남을 아는 사람은 지혜롭다고 한다. 자기를 아는 자야말로 진정으로 밝은 것이다. 남을 이기는 자는 힘이 있다고 한다. 자신을 이기는 자야말로 진정으로 강한 자이다. 만족할 줄 아는 자는 부유하고, 행함을 관철하는 자는 뜻이 있다. 그 자리를 잃지 않는 자라야 오래 가고, 죽어도 없어지지 않는 자라야 오래 산다고 할 것이다."

경쟁을 하되 안달할 필요가 없다. 자신을 이기기 위한 노력을 경주하면 된다.

개관사정 : 관을 덮은 후에 일이 정해진다.

| 蓋 | 棺 | 事 | 定 |
|---|---|---|---|
| 덮을 개 | 널 관 | 일 사 | 정할 정 |
| 蓋 | 棺 | 事 | 定 |
| 蓋 | 棺 | 事 | 定 |
|  |  |  |  |
|  |  |  |  |
|  |  |  |  |

水 到 船 浮

수 도 선 부

## 반드시 밀물 때가 온다

물이 들어오면 배가 뜬다.
『주자전서』에 나오는 가르침. 모든 일에는 때가 있다.
너무 서두르다가 섣부른 사고를 치고,
너무 여유를 부리다가 좋은 시절을 놓치는 경우가 많다.
시대의 흐름을 주시하고, 적당한 때를 기다려라.

은퇴를 한 베이비부머들이 성급하게 자영업에 뛰어들었다가 퇴직금마저 날리는 안타까운 일이 자주 벌어진다. 조급하게 서둘다가 일을 그르치는 것이다. 일찍이 맹자는 사람의 성급함이나 억지 추구가 어리석은 결과를 초래한다는 것을 가르쳤다. '조장(助長)'의 교훈이 그것이다.

옛날 어느 마을에 성질이 급한 한 농부가 늦봄이 되어 논에다 벼를 심었다. 그는 벼가 자라나 벼이삭이 달릴 때까지 기다려야 한다고 생각하니 답답하기만 했다. 매일 벼를 빨리 자라게 하는 좋은 수가 없을까 궁리하던 농부는 어느 날 바짓단을 걷어 올리고 논에 들어가서 벼 포기를 하나하나 조금씩 뽑아 올렸다. 그러고는 집으로 돌아와 가족들에게 의기양양하게 이 사실을 자랑했다. 그 말을 들은 아들은 깜짝 놀라서 날이 밝자마자 논으로 달려갔지만, 밤사이에 벼들은 모두 시들어 축 처져 있었다.

우리는 '퍼스트 무버(first mover)'가 되기를 강요당하는 시대에 살고 있다. 내가 빨리 움직이지 않으면 남들에게 잡아먹힐 것 같은 조바심이 느껴지는 세상이다. 하지만 서두른다고 반드시 좋은 것은 아니다. 아무리 퍼스트 무버라고 해도 시장이 채 형성되기도 전에 움직이면 실패할 수 있다. 성급함을 버리고 때를 기다려야 한다. 포기하지 않고 기다리면 기회는 반드시 온다.

중국 제나라 시조인 강태공도 주나라 문왕을 만날 때까지 낚시를 하며 가난하게 살았다. 집안을 돌보지 않아 그의 아내마저 집을 나갔다고 한다. 어느 날 문왕이 사냥을 나서기 전에 점을 보았는데 용도 이무기도 호랑이도 곰도 아닌 왕을 보필할 자를 잡을 것이라는 점괘가 나왔다. 문왕은 위수 북쪽으로 사냥을 갔다가 강가 초가집에 앉아 낚시를 하고 있는 노인을 만났다. 노인이 범상치 않은 인물임을 알아보고 문답을 나누는데 대화는 물고기가 물을 만난 듯 활기에 넘쳤다. 두 사람은 단번에 의기투합했고, 노인을 '태공망'으로 높여 부르면서 함께 수레를 타고 돌아와 스승에 임명했다. 강태공은 문왕의 아들인 무왕을 도와 상나라 주왕을 멸망시켜 천하를 평정했고, 제후에 봉해져 제나라 시조가 되었다.

철강왕 앤드루 카네기는 청년 시절 집집마다 방문해 학습교재와 생활용품을 판매했다. 판매 실적이 형편없어 절망에 빠질 때가 많았지만, 그때마다 그에게 힘을 준 것이 있었다. 모래사장 위에 볼품없이 놓인 나룻배를 그린 한 폭의 그림, 그리고 아래에 조그맣게 쓰여 있던 "반드시 밀물 때가 온다!"라는 한마디였다. 카네기는 이 말을 평생 가슴속에 새겼다. 절망은 기회를 위기로 바꾸지만, 희망은 위기를 기회로 바꾼다.

카네기의 이야기는 『주자전서(朱子全書)』에 나오는 수도선부(水到船浮)라는 말과 일맥상통한다. 물이 불어나면 큰 배가 저절로 떠오른다는 뜻이다. 주변 여건이 성숙하지 않으면 아무리 힘을 써도 성과를 내기가 힘들다. 밀물 때가 되어서 물이 불어날 때까지 기다리는 수밖에 없다. 반면에 큰물이 들어왔는데도 우물쭈물해서는 곤란하다. 밀물은 곧 다시 썰물로 바뀔 것이다. 성급하게 서둘러도 안 되지만 무작정 기다려도 안 된다는 얘기다.

기다리다 지쳐 포기해도 때를 만날 수 없다. 1948년 영국의 옥스퍼드대에서 전직 총리였던 윈스턴 처칠의 초빙 강연회가 열렸다. 강연 주제는 '성공의 비결'이었다. 구름처럼 모인 청중 앞에서 처칠이 말했다.

"나의 성공 비결은 세 가지입니다. 첫째, 절대로 포기하지 않는다. 둘째, 절대로 절대로 포기하지 않는다. 셋째, 절대로 절대로 절대로 포기하지 않는다. 이것으로 나의 연설을 마치겠습니다."

처칠이 연설을 마치고 연단에서 내려가자 강연장 전체가 잠시 동안 침묵에 휩싸였다. 그러다가 누군가 일어나 박수를 치자 청중들은 일제히 일어나 뜨거운 기립박수를 보냈다.

수도선부를 믿어야 희망을 갖고 인내할 수 있다. 평소에 실력을 쌓지도 않은 채 결과를 빨리 보려고 서두르다가는 농부처럼 낭패를 보고 말 것이다. 내공을 쌓는 데 주력하면서 때를 기다리면 큰일을 이룰 수 있다. 강태공이 아무 생각 없이 낚싯대를 드리우고 있었던 것은 아니다.

수도선부 : 물이 들어오면 배가 뜬다.

| 水 | 到 | 船 | 浮 |
|---|---|---|---|
| 물 수 | 이를 도 | 배 선 | 뜰 부 |
| 水 | 到 | 船 | 浮 |
| 水 | 到 | 船 | 浮 |
| | | | |
| | | | |
| | | | |

## '나는 참 괜찮은 사람이다'

*스스로 그린 그림을 스스로 칭찬하다.*
*근거 없이 자신을 과대 포장하는 것은 우스운 일이지만,*
*스스로에 대한 당당함을 잃지 않는 것도 좋은 일이다.*
*자신감과 자존감의 차이를 정확히 나누는 것은 쉽지 않지만,*
*스스로 내뱉은 말에 어울리는 사람이 되고자 노력한다면*
*오히려 한 단계 성장하는 기회가 될 수 있다.*

    자기가 그린 그림에 대해 대단하다고 칭찬하는 것을 일컬어 자화자찬(自畵自讚)이라고 한다. 자기가 한 일을 스스로 자랑하는 것을 좋지 않게 비유할 때 자주 쓰인다. 겸손하지 못한 행동을 꼬집는 말이기도 하다.

    하지만 자신의 능력에 자신감을 가지고 자기가 그린 그림에 자부심을 지니는 것은 좋은 일이다. 우리는 남들로부터 칭찬받기를 갈망하면서도 스스로 자신을 대견하게 여기는 데는 인색하다. 자신을 칭찬하는 것을 왠지 어색하고 쑥스러운 일로 생각한다. 자신을 마음속으로 칭찬하는 방법을 터득해야 한다.

자신이 여러 면에서 충분히 능력 있는 사람이라는 것을 믿으면 자신감을 손상시키는 불필요한 불안감으로부터 자유로워질 수 있다. 자신이 부족하다는 생각, 가치 없는 사람이라는 생각, 호감이 가지 않는 사람이라는 생각은 우울증을 유발하는 병균이다.

맹자는 "스스로를 해치는 자와는 더불어 진리를 말할 수 없고, 스스로를 버리는 자와는 더불어 진리를 행할 수 없다"고 가르쳤다. 맹자는 예의를 비방하는 것을 스스로를 해치는 행위인 자포(自暴)라고 했다. 또 인의(仁義)에 따르지 않는 것을 스스로를 버리는 행위인 자기(自棄)라고 했다. 맹자가 말한 자포자기(自暴自棄)는 이처럼 인간의 도리를 망각한 자를 지칭한다.

맹자는 인의를 설명하기 위해 자포자기를 언급하면서 이들과는 상종을 말라는 경고의 메시지를 남긴 것이다. 절망에 빠져 자신을 스스로 포기하고 돌아보지 않는다면 맹자가 말한 인의를 저버리는 사람과 다를 바가 없다.

사람은 누구나 '비교 성향'을 갖고 있다. '저 친구는 잘나가는데 나는 왜 이 모양이지, 저 회사는 돈을 잘 버는데 우리 회사는 왜 항상 적자로 허덕일까' 하고 아쉬워한다. 아쉬움이 넘치면 시기와 질투를 하게 된다. 그 단계를 넘어서면 아예 자신감이 떨어져 포기하려는 마음이 생긴다. 스스로 자신감이 부족하면 눈치를 살피며 다른 사람으로부터 칭찬받는 데 더 민감해진다. 남으로부터 칭찬을 받으면 기분 좋은 일임에 틀림없지만 남의 칭찬은 마약과 같이 중독성이 강하다.

무엇보다 자신을 있는 그대로 받아들여야 한다. 비교 성향에서 벗어나려는 노력을 해야 한다. 다른 사람을 인정하는 데는 용기가 필요하지만 자신을 인정하는 데는 더 큰 용기가 필요하다. 다른 사람의 칭찬에 목매지 말고 스스로 인정하고 칭찬해야 한다. 자신을 인정할 때 활력을 되찾을 수 있고 자신감도 키울 수가 있다. 자신에 대한 칭찬은 삶을 지탱해주는 보약과도 같다.

자포자기하지 않고 자존감을 지키려는 노력을 해야 한다. 스스로에 대한 칭찬을 아끼지 말아야 한다. '나는 대단하다. 나는 자랑스럽다. 나는 참 잘했어'라고 스스로 칭찬해 보자. 이를 습관화하면 놀라운 변화가 일어날 것이다. 기운이 산처럼 높고 마음이 바다처럼 넓어지는 기산심해(氣山心海)도 경험할 수 있다. 자신을 칭찬하면 할수록 내면으로부터 강한 힘이 솟아나게 될 것이다.

스스로 최선을 다했다고 칭찬하는 날이 많아질수록 실제로 그만큼 성공이 만들어진다. 매일매일 스스로 칭찬할 수 있는 삶, 그것이 바로 성공이다. 오늘 한 일에 대해 긍정적인 평가를 해야 한다. 스스로 만족해야 한다. 잘된 일에 대해서는 스스로 칭찬하고 미흡한 일에 대해서는 내일을 기약하면 된다. 자화자찬은 긍정의 힘을 이끌어내는 에너지다.

안중근 의사는 "스스로 할 수 없다는 생각은 망하는 근본이고, 스스로 할 수 있다는 생각은 만사가 흥하는 근본이다"라고 했다. 할 수 있다는 자신감은 나를 칭찬하는 용기에서 나온다.

자화자찬 : <u>스스로 그린 그림을 스스로 칭찬하다.</u>

| 自 | 畵 | 自 | 讚 |
|---|---|---|---|
| <u>스스로 자</u> | 그릴 화 | <u>스스로 자</u> | 칭찬할 찬 |
| 自 | 畵 | 自 | 讚 |
| 自 | 畵 | 自 | 讚 |
| | | | |
| | | | |
| | | | |

# 멈출 것인가, 나아갈 것인가

## ─흔들리는 당신을 위한 한마디

朝三暮四

조삼모사

## 인생은 어차피 본전이다

아침에 세 개, 저녁에 네 개.
『장자』「제물론」에 나오는 어리석은 원숭이 이야기에서 유래됐다.
결과는 같은데 당장의 이익만 생각하는 어리석음을 꼬집는 말이지만,
뒤집어 생각해보면 주어진 조건 안에서
융통성을 발휘할 줄 아는 현명함일 수도 있다.
큰 그림을 본다면, 당장의 이익이 적다고 실망하거나
당장의 이익이 크다고 안주할 일이 아니다.

인생 초반에 잘나가던 사람이 후반에 무너지는 경우가 많다. 돈이 많다고 다 행복한 것도 아니다. 자식들이 속을 썩일 수도 있다. 재벌 총수로 남부러울 것 없는 사람인데 자식이 자살을 한다. 이를 악물고 이룩한 기업인데 자식들이 상속 문제로 철천지원수처럼 치고받는다. 이들은 억장이 무너지는 고통을 겪어야만 했다. 그 많은 재산이 그들에게 무슨 의미로 다가올 것인가?

중국 춘추시대 송나라에 저공이라는 사람이 있었다. 그는 원숭이를 워낙 사랑해서 원숭이를 뜻하는 저(狙)를 넣어 저공이라고 불렸

다. 저공은 많은 원숭이를 기르고 있었다. 그는 가족의 양식까지 퍼다 먹일 정도로 원숭이를 좋아했다. 많은 원숭이를 기르다 보니 먹이를 대는 일이 날로 어려워졌다. 저공은 어쩔 수 없이 원숭이에게 나누어 줄 먹이를 줄이기로 했다. 먹이를 줄이면 원숭이들이 자기를 싫어할 것 같아 그는 우선 원숭이들에게 조심스럽게 말했다.

"너희들에게 나누어 주는 도토리를 앞으로는 '아침에 세 개, 저녁에 네 개'씩 줄 생각인데 어떠냐?"

그러자 원숭이들은 하나같이 화를 냈다. 저공은 '아침에 도토리 세 개로는 배가 고프다'는 불만임을 간파했다. 그는 원숭이들에게 다시 말했다.

"그럼, 아침에 네 개, 저녁에 세 개씩 주마."

그러자 원숭이들은 모두 기뻐했다. 『장자(莊子)』「제물론(齊物論)」에 나오는 이야기다. 조삼모사는 '아침에 세 개, 저녁에 네 개'라는 뜻이다. 당장 눈앞에 나타나는 차이만을 생각하고 그 결과가 같음을 모를 때 비유해서 쓰는 말이다. 간사한 꾀를 써서 남을 속일 때도 사용하곤 한다.

그러나 뒤집어 생각하면 조삼모사는 다른 의미로 다가오기도 한다. 조삼모사이든지, 조사모삼이든지 간에 합은 일곱이다. 인생을 마지막으로 결산해 보면 결국 본전이라는 것이다.

살다 보면 먼저 도토리를 네 개 받을 수도 있고 세 개를 받을 수도 있다. 그래서 먼저 네 개를 받았다고 마냥 기뻐할 일만은 아니다. 빨리 출세했다고 으스대다 조기에 은퇴할 수도 있다. 우리는 살면서 합이 같다는 것을 모르는 채 분노하고 좌절하거나, 곧 닥칠 낭떠러지를 앞에 두고 우쭐해서 신나게 달린다. 당장 도토리가 적다고 불평하면서 말이다.

인생은 어차피 본전이라는 조삼모사의 참뜻을 새긴다면 높은 자리에 있어도 내려갈 생각에 겸손해질 것이다. 산에 오를 때는 내려갈 힘은 남겨야 하는 이치다. 묵묵하게 하다 보면 합은 같아질 것이라는 믿음이 중요하다. 뜻한 바가 잘 이루어지지 않아도 초조해할 필요는 없다.

인도의 대문호 타고르는 "해를 잃었다고 눈물을 흘린다면 별과 달도 잃게 될 것이다"라고 말했다. 어리석은 사람은 과거를 후회하고 현명한 사람은 미래를 준비한다.

사업을 하다 보면 어쩔 수 없이 손해 볼 때가 있다. 최선을 다했는데 주변 여건이 받쳐주지 않을 때도 있다. 애가 타고 화가 치밀어 올라 스스로 어쩔 줄 모르는 상황에 빠지기도 한다. 억울하다는 생각이 강해지면서 남의 탓을 자주 입에 올리는 버릇이 생긴다. 낙담하고 실망해서 모든 것을 접고 싶은 마음이 하루에도 열두 번씩 들곤 한다. 역경은 이렇게 누구에게나 찾아온다. 그러나 역경을 견디지 못해 포기하면 본전도 건질 수가 없다.

일이 잘 안 풀린다고 안달할 필요 없다. 저녁에 4개의 도토리를 받으면 된다는 생각을 갖고 다시 뛰면 된다. 역경을 헤쳐 나아가다 보면 언젠가는 목적지에 도달하게 된다.

조삼모사 : 아침에 세 개, 저녁에 네 개.

| 朝 | 三 | 暮 | 四 |
|---|---|---|---|
| 아침 조 | 석 삼 | 저녁 모 | 넉 사 |
| 朝 | 三 | 暮 | 四 |
| 朝 | 三 | 暮 | 四 |
| | | | |
| | | | |
| | | | |

塞翁之馬

새 옹 지 마

## 결국 다 지나간다

삶은 끊임없는 선택의 연속이다. 선택은 자유이지만 그에 따른
책임이 있다. 간혹 내가 선택해 놓고 운이 나쁘다고 하소연하는 경
우가 있다. 선택한 것에 대해 자부심을 가져야 한다. 설사 그 선택으
로 인해 고통과 시련을 겪고 있을지라도 그것은 내가 선택한 것이
기 때문이다.

그때 다른 길로 갈 걸 하고 뒤늦게 후회한다고 해서 시간을 되돌
릴 수는 없다. 과거를 되돌아보며 후회하는 것은 오늘을 비참하게
만든다. 과거의 선택이 현명한 것이었는지, 아닌지를 따져보는 것

은 후회하려고 하는 것이 아니다. 새로운 선택을 하는 데 있어서 실수를 반복하지 않기 위한 것이다. 철학자 조지 산타야나도 "과거를 기억하지 못하는 사람들은 그 과거를 되풀이 한다"라고 말했다.

'세상만사 새옹지마(塞翁之馬)'라는 말이 있다. 중국 변방에 한 노인이 살고 있었다. 어느 날 노인이 기르던 말이 국경을 넘어 오랑캐 땅으로 도망쳤다. 이에 이웃들이 위로의 말을 전하자 노인은 "이일이 복이 될지 누가 압니까?" 하며 태연자약(泰然自若)했다.

그로부터 몇 달이 지나 도망쳤던 말이 암말 한 필과 함께 돌아왔다. 마을 사람들이 축하를 하자 노인은 "이게 화가 될지 누가 압니까?" 하며 그다지 기뻐하지 않았다. 며칠 후 노인의 아들이 그 말을 타다가 떨어져 그만 다리가 부러지고 말았다. 이에 마을 사람들이 다시 위로를 하자 노인은 "이게 복이 될지도 모르는 일이오"라며 담담한 표정을 지었다.

그로부터 얼마 지나지 않아 북방 오랑캐가 침략해 젊은이들이 모두 전장에 나가야 했다. 그러나 노인의 아들은 다리가 부러진 까닭에 전장에 나가지 않아도 됐다. 『회남자(淮南子)』 「인간훈(人間訓)」에 나오는 이야기다.

새옹지마란 세상만사가 변전무상(變轉無常)하므로 인생의 길흉화복을 예측할 수 없다는 뜻이다. 오늘의 슬픔이 내일의 기쁨이 될 수 있고 오늘의 기쁨이 내일의 슬픔이 될 수 있다는 교훈이다.

지금 당장은 내게 주어진 것들이 절박하고 그것들에 의해 나의 모든 것이 결정될 것이라는 생각에서 벗어나기 어려울 수 있다. 하지만 한참 지나고 보면 그 절박함이 자연스럽게 사라질 때가 많다. 결국 새옹지마의 이치로 귀결되게 마련이다.

우리가 살면서 새로운 것을 얻으려면 기존의 것을 버려야 한다. 비워야 채워지는 것이다. 성공은 기회를 포착하기 위해 기존의 것을 버릴 때 얻는 수확이다. 『화엄경』에는 이런 말이 있다.

'나무는 꽃을 버려야 열매를 맺고, 강물은 강을 버려야 바다에 이른다.'

버릴 것을 버리지 않고 붙잡고 있기 때문에 발전이 없다. 단기적인 승부에 집착할 때는 일희일비의 고통을 지울 수가 없다. 물론 내게 주어진 현재에 최선을 다해야 한다. 하지만 최선을 다하는 것과 일희일비 하는 것은 별개다. 최선을 다하되 결과를 담담하게 받아들이고 눈은 멀리 보고 있어야 한다.

인도의 승려 법구가 인생에 지침이 될 만큼 좋은 글귀를 모아 엮은 경전인 『법구경(法句經)』에는 이런 구절이 있다.

"작은 일을 소홀히 하는 사람은 큰일을 이룰 수 없다. 네가 지금 하고 있는 현재의 일이 아주 사소하다고 할지라도 그것을 소홀히 여기지 마라. 그것보다 큰일을 하기 위한 준비 과정에 해당한다. 그 자체는 사소해 의미가 없는 것처럼 보이지만 반드시 다가올 미래에 더 큰일을 하기 위한 밑거름이 되는 것이다."

새옹지마 : 변방 늙은이의 말.

| 塞 | 翁 | 之 | 馬 |
|---|---|---|---|
| 변방 새 | 늙은이 옹 | 갈 지 | 말 마 |
| 塞 | 翁 | 之 | 馬 |
| 塞 | 翁 | 之 | 馬 |
| | | | |
| | | | |
| | | | |

韜光養晦

도 광 양 회

## 돌풍이 불 때는 잠시 굽혀야 한다

빛을 감추고 그늘 속에서 힘을 키운다.
『삼국지연의』에서 유비가 조조의 견제를 피하려고 사용했던 방법이다.
돌풍이 불 때는 치기어린 자존심으로 버티기보다
잠시 굽히고 지나가는 것이 현명하다.
다만 때가 되었을 때 떨쳐 일어날 수 있도록 긴장의 고삐를 늦춰서는 안 된다.
참고 버텨라. 그리고 때를 기다려라.

공자가 제자들을 데리고 여러 나라를 다니며 유세를 할 때의 일이다. 진나라와 채나라 사이에서 곤욕을 치르게 됐다. 일주일째 따뜻한 밥을 먹지 못했고 제자들의 얼굴에는 굶주린 빛이 역력했다. 제자 가운데 자로가 공자 앞에 나서 여쭈었다.

"제가 듣기로 하늘은 착한 일을 한 사람에게 복을 내리고, 착한 일을 하지 않으면 화로 다스린다고 했습니다. 스승님은 오랫동안 덕과 의를 쌓아 오셨는데 어찌 이런 고생을 해야 합니까?"

그러자 공자가 이렇게 답했다.

"군자가 널리 배우고 깊이 도모했더라도 시운을 만나지 못한 사람이 많다. 잘나가는 것과 그렇지 않은 것은 다 때가 있는 법이다. 군자는 널리 배우고 깊이 생각하고 행동을 단정히 하여 때를 기다려야 한다."

일이 잘 되고 안 되는 것에는 때가 있게 마련이다. 공자는 이를 '우불우자시야(遇不遇者時也)'라고 말했다. '우(遇)'란 무엇을 하든 잘 풀려 나가는 것이다. '불우(不遇)'는 이와 반대로 무엇을 하든 일이 잘 안 되는 것을 말한다. '우'와 '불우'는 때를 얻었느냐 못 얻었느냐에 따라 달라진다는 뜻이다. 어떤 재능을 갖고 있어도 때를 잘 만나지 못하면 그것을 발휘할 수가 없다. 불우한 때를 어떻게 극복하느냐가 중요하다. 불우를 만났다고 비굴해지거나 의기소침할 필요는 없다. 우를 기다리며 스스로 단련하면 된다.

전국시대에 일본 천하의 대권을 다툰 세 사람이 있었다. 우리가 잘 알고 있는 오다 노부나가, 도요토미 히데요시, 도쿠가와 이에야스다. 세 사람의 성격은 서로 판이하게 달랐다.

새가 울지 않을 때 어떻게 할 것인가? 오다 노부나가는 "울지 않으면 죽여 버리겠다"라고 말하는 성격이다. 오다는 일생 동안 과감한 개혁을 단행하지만 결국 모반과 습격을 받아 자살한다. 반면 도요토미 히데요시는 "울도록 만들겠다"라고 말하는 성격이다. 오다의 뒤를 이어 일본을 통일한 도요토미는 일본 내의 문제를 불식시키려고 조선을 침략하지만 국력을 소진하고 만다.

도쿠가와 이에야스는 "울 때까지 기다리겠다"라는 사람이다. 실제로 도쿠가와는 일생을 기다렸다가 기회를 포착해 일본을 통일하고 에도 막부를 세운다. 이를 두고 '노부나가가 반죽을 하고, 히데요시가 떡을 만들었으나, 정작 이를 먹은 사람은 이에야스'라는 평가가 나온다. 도쿠가와 이에야스는 이런 말을 남겼다.

"사람의 일생은 무거운 짐을 지고 가는 먼 길과 같다. 그러니 서두르지 마라. 무슨 일이든 마음대로 되지 않음을 알면 오히려 불만을 가질 이유가 없다. 마음에 욕심이 차오를 때는 빈궁했던 시절을 떠올려라. 인내는 무사장구(無事長久)의 근본이요, 분노는 적이라고 생각해라. 이기는 것만 알고 정녕 지는 것을 모르면 반드시 자신에게 해가 미친다. 오로지 자신만을 탓할 것이며 남을 탓하지 마라. 모자라는 것이 넘치는 것보다 낫다. 자기 분수를 알아라. 풀잎 위 이슬도 무거우면 떨어지기 마련이다."

맹자는 '순천자존 역천자망(順天者存 逆天者亡)'이라고 했다. '하늘에 순종하는 자는 살아남고, 하늘을 거역하는 자는 패망한다'라는 뜻이다. 급한 상황에서도 순리를 따를 때 살아남을 수 있다는 교훈이다. 냉혹한 기업 세계에서도 어설프게 힘자랑을 할 필요가 없다. 아직 때가 오지 않았거나 상대방에게 적수가 되지 못한다면 때를 기다리면서 힘을 길러야 한다.

도광양회(韜光養晦)라는 말이 있다. 밖으로 빛이 새어 나가지 않도록 한 뒤 어둠 속에서 은밀히 힘을 기른다는 뜻이다. 나관중의 소설 『삼국지연의(三國志演義)』에서 유비가 조조의 식객 노릇을 할 때 살아남기 위해 일부러 몸을 낮추고 어리석은 사람으로 보이도록 해 경계심을 풀도록 만들었던 계책이다.

중국은 덩샤오핑이 이끌었던 1980년대부터 도광양회를 대외정책으로 채택했다. 경제력이나 국력이 어느 수준까지 도달할 때까지는 강대국들의 눈치를 살피며 전술적으로 협력하는 외교 정책을 말한다. 중국은 이후 후진타오의 '평화롭게 우뚝 선다'는 '화평굴기(和平崛起)'를 거쳐 시진핑의 '대국이 일어서다'라는 '대국굴기(大国崛起)'로 대외정책의 강도를 높였다.

공자가 말한 우를 기다리며 도광양회를 해야 하는 것은 개인이나 기업이나 국가나 모두 마찬가지다. 누구든 일이 잘 안 풀리면 좌절하기 쉽다. 스스로 운이 없다고 포기하려 한다. 운이 없는 것은 맞을지 모르나 불운이 평생 지속된다고 생각해서는 곤란하다. 그 생각이 정작 찾아올 운마저 쫓아버릴 수 있다.

'사람의 운수가 대통하면 귀신도 방해하지 못한다'라는 말이 있다. 인생에서 운이 없다고 한탄을 해도 언젠가는 좋은 운세가 돌아오기 마련이다. 준비하는 사람에게는 반드시 기회가 찾아온다. 때가 아니다 싶으면 준비하면서 기다리면 된다. 역경이야말로 때를 불러오는 지름길이 될 수 있다.

도광양회 : 빛을 감추고 그늘 속에서 힘을 키운다.

| 韜 | 光 | 養 | 晦 |
|---|---|---|---|
| 감출 도 | 빛 광 | 기를 양 | 그믐 회 |
| 韜 | 光 | 養 | 晦 |
| 韜 | 光 | 養 | 晦 |
|  |  |  |  |
|  |  |  |  |
|  |  |  |  |

# 學 而 時 習
## 학 이 시 습

## 배우면 익혀야 한다

배우고 때맞춰 익히다. 『논어』의 첫 문장이다.
지식은 그 자체만으로 의미를 가지는 게 아니라,
내 것으로 만들 때에만 가치가 있다.
죽을 때까지 배워라.
그리고 끊임없이 고민하며 나만의 지혜로 만들어라.
학이시습을 멈추는 순간 당신은 늙는 것이다.

세계 최초로 샴쌍둥이 분리 수술 성공의 업적을 세운 미국의 의사 벤 카슨은 어린 시절 불우했다. 그는 미국 디트로이트의 흑인 빈민가에서 태어났다. 그가 여덟 살일 때 부모님은 이혼하고 어머니 소냐 카슨이 아들 둘을 키웠다. 그의 어머니는 가정관리사로 열악한 조건에서 일해야만 했기 때문에 자녀 교육에 신경 쓸 틈이 없었다. 아이들은 학교에서 4학년까지 줄곧 전교 꼴찌를 도맡은 그를 '돌대가리'라고 놀렸다.

아들의 총명함을 믿고 있었던 벤의 어머니는 아들이 혹시 그의 총명함을 다른 곳에 쓸까봐 걱정했다. 여러 집을 다니며 일을 했던 그녀는 사회적으로 존경받는 집안은 조용하고 책을 읽는 분위기라는 것을 알게 됐다. 그와 반대인 집은 늘 시끄럽고 어수선했다. 어머니는 벤에게 다른 것은 몰라도 도서관에 가서 반드시 일주일에 책 두 권을 읽고 독후감을 쓰도록 하는 규칙을 만들었다. 그렇게 해야만 벤이 좋아하는 텔레비전 쇼를 일주일에 두 번 볼 수 있게 했다.

두 아들은 도서관에 갔지만 이해되는 책이 없었다. 그래서 고른 책이 '자연학습도감'이었다. 그림이 많아서 보기 쉬웠다. 벤 카슨은 이 책을 6개월간 읽었다. 그리고 형제끼리 철도 길가에 가서 돌 이름 맞히기 놀이를 했다. 어느 날 선생님이 수업 시간에 암석 세 개를 들어 학생들에게 보여주면서 이름을 맞혀 보라고 했다. 그러자 벤은 암석의 이름을 하나하나 정확하게 맞혔다. 이를 계기로 벤은 친구들을 가르칠 기회를 얻어 한 시간 동안 암석 강연을 했다. 선생님과 아이들이 벤의 강연을 듣고 깜짝 놀랐음은 당연하다.

그날 이후 자신감을 얻은 벤 카슨은 초등학교 1학년 교과서를 읽기 시작했고 2학년, 3학년 교과서를 차례로 모두 읽었다. 선생님의 강의가 조금씩 이해되면서 수업에 집중하게 됐다. 그 다음 해에 그는 반에서 1등을 하고 우수한 성적으로 고등학교를 졸업한 후 의대에 진학했다. 신경외과를 선택해 전문의가 된 벤 카슨은 30대 초반에 존스홉킨스대의 신경외과 과장이 되었다. 당시엔 흑인이 의사가 되기는 쉽지 않았고, 외과 의사가 되기는 더욱 어려웠다. 종합병원 의사는 정말 되기 어려운 일이었다.

슬럼가 뒷골목에서 놀던 소년이 난치병을 치료하는 저명한 의사가 된 것은 독서의 힘이었다.

물론 단순히 독서를 많이 한다고 모두 성공하는 것은 아닐 것이다. 독서를 통해 지식을 습득하는 것도 중요하지만, 습득한 지식을 내 것으로 소화해 현실에서 적응하는 능력을 기르는 것이 더 중요하다. 디지털 시대에는 검색만으로도 웬만한 지식은 모두 확보할 수 있다. 그러니 지식 습득만을 위해 책을 읽는 것은 아니다. 책을 매개로 필자와 대화를 하는 것이다. 이 과정에서 필자의 생각을 공유하고 이를 시대에 맞게 스스로 익히게 된다.

> 배우고 때맞춰 익히면 또한 기쁘지 아니한가
> 벗이 멀리서 찾아오면 또한 즐겁지 아니한가
> 남들이 몰라줘도 화내지 않으면 또한 군자가 아니겠는가

공자의 가르침을 담은 『논어』는 '학이시습(學而時習)'으로 시작된다. 무언가를 배우면 그에 맞춰 익혀야 한다는 뜻이다. 『논어』의 첫머리에 학이시습을 강조한 것은 의미심장하다. 우리는 배우는 데 있어서 왜 학이시습을 해야 할까. 지식을 많이 배우는 것만으로는 빠르게 변하는 세계에 대처하지 못한다. 배운 지식을 현실에 적용해 상황에 맞는 지혜를 만들어내야 한다. 이런 과정이 학이시습이다. 공자는 '배우기만 하고 생각하지 않으면 미망에 빠지고, 생각만

하고 배우지 않으면 위태롭다'라고 했다.

학이시습을 위해서는 먼저 독서하는 습관부터 길러야 한다. '바쁜 세상에 책 읽을 시간이 어디 있어'라고 핑계를 댈 것이 아니다. 당송팔대가 가운데 한 명인 구양수는 '삼상지학(三上之學)'을 이야기했다. 이는 '마상지학(馬上之學)', '침상지학(枕上之學)', '측상지학(厠上之學)'을 가리킨다. 말을 탈 때, 잠을 잘 때, 화장실에 갈 때에도 책을 읽거나 공부를 한다는 뜻이다.

애주가로 소문이 나 있던 이헌재 전 부총리가 언제부터인가 스스로 금주를 했다. 그 이유를 물었다. 이 부총리는 웃으며 "아무리 술을 많이 마셔도 집에 들어가서 자기 전에는 책을 70~80쪽씩 읽었다. 그런데 언제부턴가 갑자기 술을 마시면 책을 읽을 수가 없었다. 그래서 술을 끊었다"고 말했다.

공부하는 직장인을 지칭하는 샐러던트(saladent)라는 말이 생긴 지 오래다. 무한 경쟁 사회에서 살아남으려면 공부를 지속할 수밖에 없다. 평생직장이라는 개념은 희박해지고 평생직업을 찾아 나서야 하는 상황이다.

아일랜드 출신 극작가로 노벨문학상을 수상한 조지 버나드 쇼는 배우기를 멈추는 것은 죽음과 같다고 했다. 그는 "몇 달 동안 새로운 의견을 받아들이거나 가지고 있던 의견을 버린 적이 없다면 당신의 맥박이 뛰고 있는지 확인해 볼 필요가 있다. 당신은 이미 죽어 있는지도 모르기 때문이다"라고 지적했다. 책을 멀리하는 것은 죽음을 가까이하는 것과 같다.

　독서를 하는 데 있어서도 무조건 많이 읽기는 쉽지 않다. 닥치는 대로 책을 읽는 것은 좋은 습관이 아니다. 성리학을 집대성한 송나라의 주희는 '독서는 음식을 먹는 것과 같다'고 했다. 천천히 씹으면 오랫동안 그 맛을 음미할 수 있지만 씹지도 않고 삼키면 무슨 맛인지 알 수가 없다는 것이다.

　단순히 읽기만 하는 것은 올바른 독서법이 아니다. 독서를 한 다음 스스로 생각해야만 정신적으로 영양분을 흡수할 수 있다. 독서를 통해 배우고 생각을 통해 익히는 '학이시습'의 독서 습관을 가져야 한다.

학이시습 : 배우고 때맞춰 익히다.

| 學 | 而 | 時 | 習 |
|---|---|---|---|
| 배울 학 | 말이을 이 | 때 시 | 익힐 습 |
| 學 | 而 | 時 | 習 |
| 學 | 而 | 時 | 習 |
| | | | |
| | | | |
| | | | |

## 자신과 경쟁하는 이는 남을 시기할 시간이 없다

나날이 새로워지고 다달이 달라지다.
상나라의 지혜로운 임금 탕이 삶의 지표로 삼았던 말이다.
진정한 경쟁은 남을 누르는 게 아니라
어제의 나를 누르고 더 나은 내가 되는 것이다.
자신과 경쟁하는 사람은 날마다 새로운 인생을 살게 된다.

 

프랑스의 대문호 빅토르 위고는 세상에 세 가지 싸움이 있다고 했다. 그 하나는 사람과 자연의 싸움이고, 또 하나는 사람과 사람의 싸움이며, 마지막 하나는 자기와 자기의 싸움이다. 그는 이 가운데 가장 힘든 싸움은 자신과의 싸움이라고 했다. 진정한 승자가 되기 위해서는 다른 사람과 경쟁하기보다는 자신과 경쟁을 해야 한다. 나의 유일한 경쟁자로 어제의 나를 설정해야 한다.

어제보다 나은 나를 꿈꿔 보자. 아침에 눈을 뜨면 어제 살았던 삶보다 더 가슴 벅차고 열정적인 하루를 만들겠다는 생각을 갖게 된다. 늘 하던 일도 어제 하던 것과는 다르게 해 보려고 시도를 하게 된다. 단 1분만이라도 더 노력하고 한 번이라도 더 챙기려 애를 쓰게 된다. 자기 자신과 경쟁하는 사람은 다른 사람을 시기할 시간이 없다. 다른 사람과 비교해서 자괴감에 빠지거나 자책할 필요도 없다.

기원전 18세기 중국 상나라에 탕이라는 지혜로운 임금이 있었다. 탕왕은 '일신 일일신 우일신(日新 日日新 又日新)'이라는 말을 자신을 다스릴 교훈으로 삼았다. 날마다 새롭게 한다는 뜻이다. 탕왕은 이 교훈을 마음에 담고 매일매일 생활했다. 아침에 일어나 세수를 하는 대야에는 '일신 일일신 우일신'이라는 말을 새겨 두었다. 그는 매일 세수를 하면서 이 글을 읽었다. 글을 읽으면서 그 뜻을 생각하면서 자신의 마음을 다잡았다.

여기서 날로 새로워지고 달로 달라진다는 뜻의 일신월이(日新月異)가 유래했다. 날로 달로 끊임없이 나아간다는 뜻의 일진월보(日進月步)도 비슷한 뜻으로 사용된다.

날로 달로 자라거나 진보해 나날이 발전한다는 뜻의 일취월장(日就月將)이라는 말도 있다. 『시경(詩經)』의 「주송경지(周頌敬之)」에 나오는 말이다. 중국 주나라의 제2대 성왕이 스스로를 다짐하면서 신하들의 덕행을 주문한 시이다.

이 어린 소자는 비록 총명하지는 않지만
일취월장하여 학문이 광명에 이를 것이니

맡은 일을 도와 나에게 덕행을 보여 주오

사람에게는 사회적 지위와 개인적 지위가 있다. 사회적 지위인 직위는 언제든지 내려놓을 수 있지만, 개인적 지위인 인품은 바꾸기가 쉽지 않다. 언제든지 바뀔 수 있는 사회적 지위가 마치 영구적인 양 착각하고 함부로 행동하는 사람들이 있다. 사회적 지위가 사라지는 순간 개인적 지위는 민낯을 초라하게 드러내게 된다. 과거에 화려하게 걸쳤던 옷은 벗었지만 몸은 그대로인 것과 같은 이치다. 과거에 입던 옷이나 새 옷을 탐하는 데 지나친 집착을 보이기보다는 몸을 잘 관리하고 유지하는 데 노력을 기울여야 한다.

스스로 단련하기는 쉬운 일이 아니다. 하지만 어제보다 나은 오늘의 나를 위해 조금씩 달라지게 한다면 원하는 바를 이룰 수 있을 것이다. 일본의 소설가 무라카미 하루키는 『달리기를 말할 때 내가 하고 싶은 이야기』에서 나의 경쟁 상대는 과거의 나라고 강조했다. 그는 "나 자신을 의식하고 늘 과거의 나를 극복하기 위해 애쓴다. 달리기에서 이겨야 할 상대가 있다면 그것은 바로 과거의 나 자신이다. 다른 사람을 상대로 이기든 지든 신경 쓰지 않는다. 그보다는 나 자신이 설정한 기준을 만족시킬 수 있는가 없는가에 관심을 기울인다"라고 했다.

치열한 경쟁 사회 속에서 세태에 휩쓸리다 보면 나 자신을 잃어버릴 수 있다. 그래서 지나치게 오버페이스(over pace)를 할 수 있다. 반대로 나름 잘하고 있으면서도 의기소침하는 경우가 많다. 남과의 경쟁에 치중하는 것보다 내 페이스대로 나를 극복하는 노력이 훨씬 더 소중하다. 나를 발전시키다 보면 나도 모르는 사이에 원하는 곳에 도달하게 된다.

어제보다 나은 나를 추구할 때 개인적 지위를 스스로 높일 수 있다. 헨리 롱펠로는 『인생찬가』에서 "우리가 가야 할 곳 혹은 가는 길은 향락도 아니요, 슬픔도 아니다. 내일이 저마다 오늘보다 낫도록 행동하는 그것이 우리의 목적이요, 길이다"라고 노래했다.

어제보다 나은 나를 만든다는 것이 막연할 수도 있다. 그래서 자신에 대한 계획을 스스로 세워서 실천하는 것이 필요하다. 아침에 일어나면 어제의 나와 차별화할 수 있는 것이 무엇인지를 생각해 보자. 그런 후 실천할 수 있는 작은 목표를 세워 보자. 예를 들면 '오늘은 담배를 한 개비 덜 피우자' 라든지, '어제보다 10분 일찍 출근하자' 라든지 하는 기준을 잡는다. 아주 작은 기준이라도 일단 세워서 어제보다 나은 오늘의 나를 만들어 간다면 '일신월이'를 실천하는 것이다.

일신월이 : 나날이 새로워지고 다달이 달라지다.

| 日 | 新 | 月 | 異 |
|---|---|---|---|
| 날 일 | 새로울 신 | 달 월 | 다를 이 |
| 日 | 新 | 月 | 異 |
| 日 | 新 | 月 | 異 |
| | | | |
| | | | |
| | | | |

良禽擇木

양 금 택 목

## 나에게 맞는 나무는 어디에 있는가

어진 새는 나무를 가려 앉는다.
공자와 공문자의 일화에서 유래된 말이다.
내 맘대로 되지 않는 게 세상이지만, 그럴수록 선택의 기준이 확실해야 한다.
급하다고 아무 것이나 찔러보다가는
결국 방향을 잃고 돌이킬 수 없는 선택을 할 수 있다.
그 책임은 모두 자신이 져야 한다.

취직이 어렵다 보니 취업준비생 입장에서는 찬밥 더운밥을 가릴
형편이 못 된다. 가능한 한 여러 군데에 지원서를 내서 면접이라도
볼 수 있으면 그나마 다행이다. 수십 군데 이상 지원서를 냈지만 서
류에서 탈락해 아예 필기시험이나 면접을 볼 기회마저 얻지 못하는
대학 졸업자가 너무도 많다. 정말 안타까운 일이다.

어렵사리 들어간 회사는 애초부터 내가 꿈꾸던 회사가 아닌 경우
가 더 많다. 가고 싶었던 회사는 나를 불러주지 않고 여기저기 애를
쓴 덕분에 그나마 아슬아슬하게 취직을 한 것이기 때문이다. 이제

다른 방도가 없다. 어렵게 취직한 만큼 잘 적응해 버텨 보자는 심산이다.

그러나 버티기 작전으로 회사 생활을 하기에는 인생이 너무 길다. 결국 중간에 자의 반 타의 반으로 이직을 할 수밖에 없다. 새로운 직장은 내가 선택하는 것이어야 한다. 또다시 이곳저곳을 돌아다니며 면접관의 눈치를 살펴야 하는 처지가 되어서는 곤란하다. 그래서 직장 생활을 시작하면 나를 제대로 팔 수 있는 무기를 갖추어야 한다. 회사에서 나를 선택하는 것이 아니라 내가 회사를 선택하도록 하는 무기란 무엇일까.

공자가 천하를 주유하던 시절 위나라에 갔을 때 일이다. 공자는 우선 그곳의 실력자이자 배우기를 좋아하는 공문자를 만났다. 천하가 알아주는 공자였기에 공문자는 대단히 기뻐하며 반겨 맞았다. 그러나 정작 공자가 역설하는 치국의 도(道)에는 별 관심을 두지 않았다. 그는 정적이라 할 수 있는 대숙질을 공격하는 문제를 화제로 삼으며 그에 대한 조언을 구할 뿐이었다. 공자는 크게 실망해서 이렇게 대답했다.

"제사 지내는 일이라면 제법 아는 것이 있으나, 전쟁에 대해서는 전혀 아는 바가 없습니다."

공자는 자리를 털고 일어나 객사(客舍)로 돌아오자마자 제자들에게 떠날 준비를 하라고 지시했다. 제자들은 스승의 행동을 쉽게 이해할 수가 없었다. 그러자 공자가 제자인 안연에게 이렇게 말했다.

좋은 새는 나무를 골라서 둥지를 틀고

어진 신하는 주군을 가려 섬김을 한다

등용되면 행하고 버려지면 들어앉는다

오직 너와 나만이 가능한 일일 것이다


여기서 양금택목(良禽擇木)이라는 고사성어가 유래했다. 좋은 새는 좋은 나무를 가려서 둥지를 튼다는 말이다. 현명한 사람은 자기 재능을 알아주는 훌륭한 사람을 잘 택해서 섬긴다는 뜻이다.

과거 기업은 인재를 뽑을 때를 '최고'를 염두에 두었다. 하지만 요즘은 '최고'가 아니라 '최적'의 인재를 원한다. 회사와 궁합이 잘 맞는 사람을 선발하려 한다는 얘기다. 취준생 입장에서도 최고의 직장이 아니라 최적의 직장을 찾는 노력이 필요하다. 남들이 줄을 선다고 해서 나도 같이 줄을 서려는 것은 위험하다. 자칫 남의 들러리가 될 수도 있다. 내가 하고 싶은 일을 찾아 준비해야 한다.

경영자들이 보편적으로 바라는 양금(良禽)은 첫째, 부지런하고 성실한 사람이다. 둘째, 학습효과가 뛰어난 유연하고 스마트한 사람이다. 셋째, 도덕성을 갖춘 예의바른 사람이다. 여기에 분명한 목표의식과 직무능력을 갖추고 있다면 버선발로 달려와 맞이할 것이다.

무슨 일을 하든지 선택권이 상대방에게 있으면 괴롭다. 미리 준비를 하면 선택할 수 있는 주도권을 내가 가질 수 있다. 취준생은 회사로부터 선택을 받기 위해 다양한 '스펙'을 쌓고 있지만, 결국은 원하는 직장에 들어가기 위해서 그 직장의 기준에 맞추는 것뿐이다. 이런 방식으로는 나만의 무기로 나무를 고를 수 있는 처지가 아니라 언제까지나 '을'의 입장에 있게 될 것이다.

　모두가 원하는 직장에 경쟁을 뚫고 들어가려는 노력을 가볍게 생각할 수는 없다. 하지만 나를 필요로 하고 내가 원하는 직장을 찾는 것도 가치 있는 일이다. 나에게 맞지 않는 나무에 억지로 둥지를 틀려고 하다가는 허송세월할 가능성이 있다. 사람마다 깃들 수 있는 나무는 다르다. 어느 조직에서든지 필요로 하는 사람이 되면 선택권은 나에게로 넘어올 수 있다.

양금택목 : 어진 새는 나무를 가려 앉는다.

| 良 | 禽 | 擇 | 木 |
|---|---|---|---|
| 어질 량 | 새 금 | 가릴 택 | 나무 목 |
| 良 | 禽 | 擇 | 木 |
| 良 | 禽 | 擇 | 木 |
|  |  |  |  |
|  |  |  |  |
|  |  |  |  |

知 行 一 致

지 행 일 치

## '뻔한 얘기' 무시하지 마라

아는 것과 행하는 것이 하나로 같다.
명나라 유학자 왕양명의 가르침 중 하나.
남이 하는 말을 이미 아는 이야기라며 쉽게 생각하지 마라.
성공한 사람과 아닌 사람의 차이는 방법을 아느냐 모르느냐가 아니라,
그 방법대로 실천하느냐 안 하느냐일 뿐이다.
고개만 끄덕이지 말고 지금 당장 움직여라.


제나라 환공은 춘추오패(春秋五霸)의 으뜸으로 꼽힌다. 춘추오패
는 춘추시대 5인의 패자를 일컫는 말이다. 환공이 어느 날 멸망한
곽나라의 옛터를 순방했다. 환공은 그곳 노인들에게 곽나라가 왜
망했느냐고 물었다.

"곽나라의 군주는 선을 선이라 말하고, 악을 악이라고 말했기 때
문입니다."

"그렇다면 그 군주는 현인인데, 어찌하여 멸망하였단 말인가?"

"곽군은 선을 선이라고 말했지만 실행하지 않았습니다. 또 악을

악이라고 말했지만 물리치지 않았기 때문에 멸망한 것입니다."

환공은 일리 있는 말이라고 했다. 그는 그러나 이 말을 생각만 하고 관중의 마지막 진언을 듣지 않아 비참한 최후를 맞았다. 사실 환공이 춘추오패의 맹주가 될 수 있었던 것은 관중이라는 명재상이 있었기 때문이다. 관중이 병이 들어 집에 머물고 있을 때 환공이 일부러 찾아와 나랏일을 상의했다.

"집에서 이렇게 누워 계셔서 걱정입니다. 만약 자리에서 일어나지 못한다면 누구를 재상으로 삼으면 좋겠소?"

"신하에 대해 잘 아실 텐데 마음에 두고 있는 사람을 말씀해 보십시오."

관중의 요청에 환공이 먼저 수조를 지목했다.

"수조는 군주가 여색을 좋아하고 질투심이 강하자 스스로 거세하여 군주의 환심을 샀습니다. 자신의 몸을 아끼지 않는 사람이 어찌 왕을 아낄 수 있겠습니까?"

"그럼 개방은 어떻소?"

"개방은 본디 위나라 공자인데 군주의 환심을 사기 위해 친족을 버렸습니다. 자신의 부모를 섬기지 않으면서 어찌 왕을 섬길 수 있겠습니까?"

"그렇다면 역아가 어떻겠소?"

"역아는 군주가 사람 고기를 맛보지 못했다고 하자 자기 아들을 삶아 바쳤습니다. 자기 아들도 사랑하지 않으면서 어찌 왕을 사랑할 수 있겠습니까? 군주의 환심을 사려고 인륜을 저버린 사람들을 가까이 하시면 안 됩니다."

"그렇다면 누가 좋겠소?"

"습붕이면 좋습니다. 그는 욕심이 적고 신의가 두텁습니다."

이 일이 있은 지 일 년 후 관중은 세상을 떠났다. 환공은 관중과의 약속을 무시하고 습붕을 등용하지 않았다. 대신 환관 수조에게 자리를 주었다. 결국 수조는 삼 년 후 환공이 외유 중인 틈을 타 역아, 개방 등과 함께 반란을 일으켰고, 환공은 침소에 갇혀 굶주린 채 죽었다. 그의 시신은 방치되어 구더기가 기어 나올 정도였다. 곽군처럼 환공도 알면서 실천하지 않아 천하의 웃음거리가 된 것은 물론 나라마저 망하도록 한 것이다.

명나라 유학자 왕양명은 지행합일(知行合一)을 주장했다. 지식을 사물의 위에 두지 않고 지(知)와 행(行)은 서로 병진해야 한다고 보았다. 그는 "알면서 행하지 않으면 진실로 아는 것이 아니고, 진실한 지식은 반드시 실행을 가져오며, 지식과 행위는 항상 서로 표리(表裏)의 관계"라고 했다.

책을 읽거나 강연을 들을 때 좋은 이야기를 '뻔한 얘기'라며 무시하는 경향이 있다. 하지만 공자 말씀처럼 뻔한 이야기라도 실행에 옮기지 않으면 아무 소용이 없다. 이로운 이야기라면 반복해서 들어야 행동을 유발하고 습관을 만들어낼 수 있다. 책도 마찬가지다. 한 번 슬쩍 읽고 말면 별다른 도움을 얻지 못한다. 마음에 드는 책이라면 늘 곁에 두고 습관적으로 읽어야 한다. 실행하지 못하면 진정으로 안다고 할 수 없으니 귀가 따갑도록 듣고 눈이 시리도록 읽어야 한다. 뇌를 계속 자극해서 몸이 움직이게 해야 한다는 뜻이다.

기업의 세계에서도 머리와 손발이 따로 노는 경우가 많다. 알면서도 제대로 실행하지 못해 곤경에 처하는 사례도 비일비재하다. 전 세계 스마트폰 시장의 절반을 차지하고 있는 안드로이드 운영체제(OS)는 삼성전자의 것이 될 뻔했다.

안드로이드를 차지할 기회는 구글보다 삼성전자에 먼저 찾아왔다. 안드로이드는 본래 앤디 루빈이 세운 벤처 회사 '안드로이드'의 작품으로 루빈은 2004년 안드로이드 CEO 자격으로 삼성전자를 방문했다. 안드로이드 운영체제를 삼성전자에 공급하기 위해서였다. 청바지 차림의 루빈은 삼성전자의 중역 20여 명 앞에서 자신의 계획을 설명했다. 삼성이 운영체제의 중요성을 몰랐던 것은 아니지만 이러저러한 내부사정을 놓고 고민하다가 결국 루빈의 제안을 수용하지 못했다.

루빈은 몇 달 후 같은 내용을 구글의 경영진 앞에서 발표했다. 구글은 안드로이드를 사들이기로 결정, 2005년에 구글은 이 회사를 5,000만 달러에 인수했다. 그리고 6년 후 안드로이드는 세계 스마트폰 시장 점유율 1위의 운영체제가 되어 삼성을 위협하는 무기가 됐다. 안드로이드에 대한 삼성의 아쉬움은 두고두고 남을 것이다.

지행일치 : 아는 것과 행하는 것이 하나로 같다.

| 知 | 行 | 一 | 致 |
|---|---|---|---|
| 알 지 | 행할 행 | 한 일 | 이를 치 |
| 知 | 行 | 一 | 致 |
| 知 | 行 | 一 | 致 |
|  |  |  |  |
|  |  |  |  |
|  |  |  |  |

居安思危

거 안 사 위

## 남의 입에 성공이 오르내리는 순간 위기가 시작된다

편안하게 살면서 위태로움을 생각하다.
춘추시대 진나라의 장군 사마위강의 고사에서 비롯된 말.
좋은 가능성을 크게 보고
나쁜 일은 생각하지 않으려는 게 인간의 본성이라지만,
리더라면 그 반대여야 한다. 위기는 언제 어디서 다가올지 모른다.
안전한 때일수록 위험에 대비하라.

중국 춘추전국 시대에 진나라와 초나라가 중원의 패권을 놓고 팽팽하게 맞섰다. 융적이 등 뒤에서 호시탐탐 노리고 있어 진나라는 마음 놓고 초나라를 공격하기 어려운 형편이었다. 그래도 진나라에는 사마위강이라는 훌륭한 대신이 있어 고비 때마다 위기를 잘 극복했다. 도공은 먼저 융적을 토벌해 후환을 없앤다는 전략을 세웠다. 그러자 사마위강이 나서서 적극 만류했다.

"융적을 토벌하러 나서면 아니 되옵니다. 우리 군사가 융적을 치러 나간 사이에 초나라가 갑자기 쳐들어오면 속수무책입니다. 차라리 융적을 잘 달래어 화친하는 것이 나을 것입니다. 신에게 그 임무를 맡겨 주십시오."

도공도 그 말을 옳게 여겨 사마위강을 융적에게 보냈다. 그는 유창한 언변으로 그들을 구슬려 동맹을 맺는 데 성공했다. 이후 정나라와 초나라, 그리고 다른 12개국 연합군이 얽히고설킨 상황에서도 사마위강은 출중한 능력을 발휘했다. 정나라는 진나라 왕 도공에게 감사의 뜻으로 값진 보물과 궁녀를 선물로 보내왔다. 도공은 사례품의 절반을 큰 공을 세운 사마위강에게 하사하면서 공을 치하하고 위로하려고 했다. 그러나 사마위강은 이를 받기를 사양하며 "편안할 때에 위기를 생각하십시오. 그러면 대비를 하게 됩니다. 대비태세가 되어 있으면 근심이 사라지게 됩니다"라고 말했다.

편안할 때에도 위태로울 때의 일을 생각한다는 뜻으로 사용되는 거안사위(居安思危)가 여기서 유래했다. 안정과 위기는 돌고 도는 것이다. 태평한 시기에도 언제 닥쳐올지 모르는 위기와 어려움에 대비해야 한다. 편안할 때 위기를 생각하지 않는 사람은 리더의 자격이 없다고 해도 과언이 아니다.

『주역』의 「계사전(繫辭傳)」 하편에는 "군자는 태평할 때에도 위기를 잊지 않고, 순탄할 때에도 멸망을 잊지 않으며, 잘 다스려지고 있을 때에도 혼란을 잊지 않는다. 이렇게 함으로써 내 몸을 보전할 수 있고, 가정과 나라를 보전할 수 있다"라고 기술하고 있다. 거안사위와 비슷한 의미로 쓰이는 안불망위(安不忘危)라는 말이 여기서 유래했다. 안불망위는 평안할 때에도 마음을 놓지 않고 항상 스스로 경계함을 뜻하는 고사성어로 사용된다.

춘추시대 월나라의 충신이자 천재 전략가인 범려는 사업가로도 유명하다. 범려는 월나라 왕 구천을 보필하는 데 견마지로(犬馬之勞)를 다했다. 그러나 그는 오랜 숙원이었던 오나라의 멸망을 실현한 뒤 관직을 사퇴하고 처자와 함께 제나라로 떠났다. 공을 세운 뒤 토사구팽(兎死狗烹) 당하기 전에 스스로 물러난 것이다. 범려는 최고로 잘나갈 때 구천을 떠남으로써 목숨을 건졌다.

범려는 이후 탁월한 경영 능력을 발휘함으로써 춘추전국시대에 손꼽히는 거부(巨富)가 됐다. 그는 "날이 가물면 그 다음에는 홍수가 날 것을 짐작해 타는 배를 사두고, 또 홍수가 난 이후에는 가뭄이 올 것을 대비해 먹는 배를 구입하는 것이다. 값이 올랐을 때에는 썩은 물건을 버리듯 팔아버리고, 값이 떨어졌을 때는 구슬을 사듯 사두면 돈 모으기가 쉽다"고 말했다.

그는 트렌드를 제대로 예측하여 거부가 되었지만 그 돈을 주변 사람들에게 나눠 주었다. 평판을 관리한 것이다. 분에 넘치는 행운으로 느껴지는 성공은 반드시 경계해야 한다. 남들의 입에 나의 성공이 오르내리는 순간이 위기의 시작이다.

지속적인 성공은 '당장 내일 망할 수도 있다'라는 위기감을 늘 품고 있는 사람에게만 찾아온다. 『소학(小學)』에는 '벼슬아치도 지위가 안정되면 게을러진다'라는 구절이 있다. 안정이 주는 안락은 인생 최대의 독배에 다름 아니다. 안락함은 곧 위기에 대한 경고이다. 잘나갈수록 '긍정적인 위기감'을 유지할 수 있어야 한다. 경영의 달인들은 모두 이렇게 조언한다. 절대 호황기 뒤에는 원래 자리로 돌아가려는 현상이 반드시 나타날 것이다.

강덕수 STX 회장은 2009년 어느 날 가진 기자간담회에서 "STX가 성장통을 겪고 있다. 무리한 사업 확장을 하지 않겠다"고 토로했다. 당시 강 회장은 '미다스의 손'과 같이 인수·합병(M&A)마다 성공을 거두며 쾌속성장을 구가하고 있었다. 하지만 2008년 리먼브러더스 사태로 촉발된 금융위기가 시시각각 STX의 목을 죄어 오고 있는 상황이었다.

그러나 강 회장은 회사가 어려워지는 상황에서도 대우건설, 현대상사, 하이닉스 등 나오는 매물마다 인수 의사를 밝히면서 자신의 말을 번복했다. 2011년에는 비전 선포식을 하고 2020년까지 매출 120조 원을 달성하겠다고 공언하기도 했다. 하지만 글로벌 경기침체 여파로 STX의 주 고객인 유럽 선주들이 선박 발주를 하지 않으면서 STX조선해양 수주량은 급감했다. STX가 자랑하던 수직 계열화는 호황기 때는 고속성장의 원동력이 되었지만 위기가 닥쳐 한 곳이 무너지자 나머지도 줄줄이 타격을 받는 약점을 노출했다. 결국 STX그룹은 해체되고 '샐러리맨의 우상'이었던 강 회장의 신화도 막을 내렸다.

잘나갈 때 위기를 생각하지 못하고 위기가 닥쳤을 땐 오래 가지 않을 것이라고 얕본 게 STX 몰락의 원인이다.

거안사위 : 편안하게 살면서 위태로움을 생각하다.

| 居 | 安 | 思 | 危 |
|---|---|---|---|
| 살 거 | 편안 안 | 생각할 사 | 위태할 위 |
| 居 | 安 | 思 | 危 |
| 居 | 安 | 思 | 危 |
| | | | |
| | | | |
| | | | |

平旦之氣

평단지기

## 아침형 인간은 왜 경쟁력이 있을까

평온한 아침의 기운.
남보다 먼저 하루를 시작하는 것은 그 자체로 훌륭한 일이다.
새로운 해가 떠오른 시간, 가장 맑고 깨끗한 그 때의 기운을 느끼면서
새로운 마음가짐을 다지자.
떠밀려 살아가는 사람과 새로운 아침을 기획하는
사람의 인생은 완전히 다르다.

2003년 일본의 의사 사이쇼 히로시가 쓴 『인생을 두 배로 사는
아침형 인간』이라는 책이 출간되면서 '아침형 인간'에 대한 관심
이 높아졌다. 인간의 신체 리듬은 원래 일출과 동시에 일어나고 일
몰과 동시에 잠자리에 드는 것이 자연스럽지만 문명이 발달해 밤
시간을 활용할 수 있게 되면서 신체의 리듬이 깨졌다고 한다. 아침
형 인간은 자연의 리듬에 따라 생활하게 되는 사람이다. 사이쇼 히
로시는 아침의 한 시간은 낮의 세 시간과 맞먹을 정도로 소중하다
고 강조한다.

맹자 역시 인간의 본심이 가장 커지고 욕심이 가장 작아지는 시간을 이른 아침 바로 일어났을 때라고 보았다. 밤새 자는 동안 회복된 인간의 본심이 가장 커져 있는 상태라는 것이다. 이때야말로 하늘의 마음이 인간의 마음과 가장 잘 통하므로 큰 것을 생각하고 큰 꿈을 꾸기에 적합하다.

새벽에 사물과 접촉하지 않았을 때의 청명한 기운을 평단지기(平旦之氣)라고 한다. 평단은 새벽을 가리키는 말이다. 사람은 누구나 평단지기를 날마다 호흡하지만 낮 동안의 이기적인 행위가 이를 어지럽힌다. 새벽의 청명한 기운을 받아 인의를 유지하려는 노력을 해야 한다는 것이 맹자의 가르침이다.


리더들의 아침 시간은 그야말로 '골든 타임'이다. 하루의 일정을 미리 생각해서 시간을 효과적으로 보내기 위한 계획을 세우는 시간이자, 잘 풀리지 않는 현안 과제에 대해 다시 한 번 생각해 볼 수 있는 기회다. 현대그룹을 창업한 정주영 회장, 마이크로소프트의 빌 게이츠 회장, 제너럴일렉트릭(GE)을 부흥시킨 잭 웰치 회장 등 성공한 사업가들 중에는 아침형 리더가 많다.

일찍 일어나는 새가 먹이를 먼저 잡는다. 평단지기를 떠나 일찍 일어나면 여유롭게 하루를 준비할 수 있는 것은 사실이다. 새로운 것을 배우거나 아이디어를 생각해낼 수도 있고, 정보 수집이나 운동을 할 수도 있다.

청운의 꿈을 안고 매일경제에 수습기자로 입사했을 때 동기들과 함께 편집부에서 일을 배우기 시작했다. 편집기자는 취재기자들이 써 온 기사를 읽고 제목을 다는 일과 기사를 지면에 잘 배치하는 일을 한다. 당시 매일경제는 석간이었기 때문에 다들 출근 시간이 빠르고 오전이 눈코 뜰 새 없이 바빴다. 특히 편집기자는 일 처리가 빨라야 했다. 취재기사의 마감이 늦어지더라도 인쇄 시간을 제대로 맞추려면 편집 시간은 짧을 수밖에 없기 때문이다. 제한된 시간에 정확한 글자 수에 맞춰 제대로 된 제목을 뽑아내는 것은 그 자체가 예술이었다. 신문 용어조차 익숙하지 않은 수습기자들에게 제대로 된 제목을 달기란 쉽지 않은 일이었다.

어떡하면 빨리 적응할까 고민하다가 한 시간 먼저 출근해 조간신문을 보고 연습하기로 했다. 대학 노트를 사서 조간에 나온 주요 기사의 제목을 베끼면서 제목의 유형들을 머릿속에 집어넣었다. 같거나 비슷한 뜻을 지닌 낱말을 한 글자, 두 글자, 세 글자, 네 글자 등 글자수별로 정리했다. 예를 들면 주가하락을 표현하는 단어로 '뚝', '하락', '미끄럼', '곤두박질' 등을 미리 정리해 놓은 것이다.

다른 사람보다 빨리 출근하는 것이 말처럼 쉬운 일은 아니다. 하지만 습관을 들이다 보니 차츰 익숙해졌다. 몇 달 지난 후 회사에서 수습인데도 편집을 잘 한다며 편집 쪽으로 타고났다는 이야기를 자주 듣게 됐다. 그러나 사실은 아침 시간을 활용해 노력한 결과라는 것을 선배들은 몰랐을 것이다.

사이쇼 히로시는 아침형 인간이 되기 위해 수면시간을 오후 11

시부터 오전 5시로 정하도록 권한다. 아무리 밤이 즐거워도 아침과 바꾸지 말라고 한다. 저녁에 할 일과 아침에 할 일을 구분하고, 반드시 아침 식사를 해야 한다는 것이다.

현실이 힘들수록 아침에 벌떡 일어나 맑은 정신으로 해결책을 찾는 노력을 해야 한다. 무리한 야근이나 저녁 술자리를 피하는 것도 노력이다. 아침의 평단지기를 축적할 때 호연지기도 생긴다.

평단지기 : 평온한 아침의 기운.

| 平 | 旦 | 之 | 氣 |
|---|---|---|---|
| 평평할 평 | 아침 단 | 갈 지 | 기운 기 |
| 平 | 旦 | 之 | 氣 |
| 平 | 旦 | 之 | 氣 |
| | | | |
| | | | |
| | | | |

# 새로움은 역사 속에 있다

## -남과 다른 통찰력이 필요한 당신을 위한 한마디

## 처세술은 물처럼 흐르는 것이다

훌륭한 선은 물과 같다. 노자 『도덕경』의 가르침 중 하나.
물은 언제나 낮은 곳으로 흐르고,
장애물을 만나면 감싸고 돌아서 가며, 만물을 부드럽게 적시지만
종래에는 모든 것을 삼킬 만한 힘을 가진다.
처세란 억지로 자신을 세우고 남을 쳐내는 게 아니라,
흐름을 따라 자연스럽게 스며들어 상생하는 것이다.

조직 생활을 하다 보면 내 뜻대로 안 되는 경우가 많다. 소통이 제대로 되지 않고 불합리한 지시가 일방적으로 하달된다. 밑에서는 불만이 많지만 그 불만이 위로 전달되는 것 같지 않다. 이런 분위기 속에서는 '모난 돌이 정 맞는다'라는 속담처럼 톡톡 튀는 아이디어도 무용지물이다. 올바른 생각을 가지고 충언해도 먹히지 않는다. 오히려 제대로 협조하지 않는다는 낙인이 찍혀 피해를 입곤 한다.

생각이 다른 사람에 대해 포용하지 않고 배척하는 조직은 성장에 한계가 있다. 편가름이 횡행하면 갈등과 불안이 증폭되면서 위기를

초래한다. 신뢰보다 당장의 실익에 목숨을 걸면 비전이 사라진다. 인재가 하나둘씩 빠져나간다.

어느 날 공자가 노자를 찾았다. 공자는 예(禮)에 대한 노자의 생각을 듣고 싶었다. 노자는 공자를 배웅하면서 한마디 충고를 했다.

"자기 몸을 위태롭게 하는 자는 남의 잘못을 발설하는 자요, 남의 신하 된 자는 자기를 내세우지 않아야 한다."

노자가 '상선약수(上善若水)' 사상을 공자에게 내비친 대목이다. 상선약수는 노자『도덕경』에 나오는 말로 '최고의 선은 물과 같다'라는 의미다. '물은 만물을 이롭게 하지만 다투지 않고, 모든 이가 싫어하는 자리로 흘러간다'라는 구절로 이어진다.

물은 일곱 가지 덕(德)이 있다. 첫째, 낮은 곳으로 흐른다. 둘째, 막히면 돌아간다. 셋째, 더러운 물도 받아들인다. 넷째, 어떤 그릇에도 담길 수 있다. 다섯째, 바위를 뚫을 수 있다. 여섯째, 장엄한 절벽에서도 뛰어내린다. 일곱째, 결국 바다에 이른다. 물은 겸손, 융통성, 포용력, 적응력, 끈기, 용기, 대의 등의 덕목을 갖췄다.

물은 자신의 성질을 유지하면서도 현실 상황에 따라 순리대로 흘러 바다에 도달한다. 대의를 달성하기 위해 현실에 적응하는 탁월한 능력을 갖췄으니, 리더들이 물과 같은 리더십을 갖기 원할 만하다.

노자가 말한 상선약수의 처세술을 잘 발휘한 인물로 삼국시대 가후를 꼽을 수 있다. 가후는 위나라 조조의 참모였다. 그는 절개를 지키고 신의를 목숨처럼 생각하는 대쪽 같은 선비는 아니었다. 그러나 그것이 단점으로 작용하지는 않았다. 오히려 물처럼 유연하게 자신의 생각을 바꾸는 융통성 면에서 뛰어난 처신을 하는 사람이었다.

가후는 공을 다투는 논공행상에 나서지 않았다. 위로는 순응하고 옆으로는 시기와 질투를 경계했다. 사사로운 인맥을 형성해서 쓸데없이 세를 과시하는 일도 없었다. 가후는 태위라는 높은 벼슬에 올랐지만 자식들의 결혼에도 조심했다. 권문세가의 많은 요청에도 가후는 자신보다 낮은 벼슬, 그리고 평범한 집안과 사돈을 맺으면서 사람들에게 경계심을 심어주지 않았다. 부를 축적하거나 명예에 집착하는 모습도 보이지 않았다. 조직의 논리와 상사의 뜻이 일치되어 갈 때는 침묵했다. 그것이 비록 돌아가는 길이라도 급하게 물길을 바꾸려는 무모한 짓을 하지 않았다. 가후는 이 같은 처세술로 조조와 조비 휘하의 약 백여 명의 참모 중에서 드물게 77세까지 장수하는 행운을 누릴 수 있었다.

얼핏 보기에 가후의 처세술이 약삭빠르다는 느낌을 가질 수도 있다. 하지만 그는 상황에 잘 순응하는 지혜와 절제의 미덕을 가지고 있었다. 욱하는 성미를 가진 사람이라면 특히 가후의 처세술과 상선약수의 철학을 깊이 새겨볼 필요가 있다.


상선약수는 유연성과 혁신을 통해 목표를 달성하는 리더십의 아이콘이 되고 있다. 이 말은 특히 반기문 유엔 사무총장이 버락 오바마 미국 대통령의 54세 생일에 직접 쓴 '상선약수' 휘호를 선물하면서 세계적인 주목을 받았다. 선물을 받는 자리에서 오바마 대통령이 '상선약수'의 마지막 글자인 수(水) 자를 손가락으로 가리키며 "이 글자의 의미는 물(water)이라고 알고 있다"라고 말해 관심을 끌었다. 오바마 대통령이 글의 뜻을 묻자, 반 총장은 "물은 세상을 이롭게 하면서도 자신을 드러내지 않는 특성이 있다"고 답했다.

사실 물처럼 살기는 쉽지 않다. 원하는 곳에 도달하기도 전에 위기를 스스로 불러들일 필요는 없다. 하지만 어려울 때일수록 물처럼 바다에 도달하는 순리의 처세술을 되새길 필요가 있다.

상선약수 : 훌륭한 선이란 물과 같은 것이다.

| 上 | 善 | 若 | 水 |
|---|---|---|---|
| 윗 상 | 좋을 선 | 같을 약 | 물 수 |
| 上 | 善 | 若 | 水 |
| 上 | 善 | 若 | 水 |
| | | | |
| | | | |
| | | | |

過　猶　不　及
과　유　불　급

## 높은 자리가 아니라 맞는 자리를 찾아라

지나침은 모자람만 못하다. 『논어』 「선진」 편에 등장하는 가르침.
'조금만 더 하면'이라는 욕심이 생길 때 과감히 접고 만족하는 법을 배워라.
그 '조금만'의 유혹이 당신을 나락으로 떨어뜨릴 수 있다.
결국은 균형점을 찾으려 하는 세상 속에서,
높이 올라간다는 것은 더 많이 떨어진다는 뜻임을 잊지 마라.

『주역』은 길흉화복의 근원이 자리에서 비롯된다고 했다. 인간과
자연의 존재 양상과 변화의 원리를 상징하는 기호가 바로 괘(卦)인
데, 괘는 다시 사물의 변화를 본뜬 기본 요소인 효(爻)로 구성돼 있
다. 효에는 양효(陽爻)와 음효(陰爻)가 있고, 이것들이 제자리를 찾
는 것을 득위(得位), 그렇지 못한 것을 실위(失位)라 한다.

득위는 만사형통의 길이지만 실위는 만사불행의 원인이다. 잘못
된 자리는 결국 본인뿐만 아니라 다른 사람까지 불행하게 한다. 고
(故) 신영복 선생은 『담론』에서 득위의 기본을 제시했다.

"70퍼센트 자리가 득위의 비결입니다. 자기 능력이 100이면 70의 역량을 요구하는 곳에 가는 게 득위입니다. 반대로 70의 능력자가 100의 역량을 요구하는 자리에 가면 실위가 됩니다. 그 경우 부족한 30을 함량 미달로 채우거나 권위로 채우거나 거짓으로 채울 수밖에 없습니다. 결국 자기도 파괴되고 맡은 소임도 실패합니다. 30퍼센트의 여유, 대단히 중요합니다. 이 여유가 창조성으로, 예술성으로 나타납니다."

과유불급(過猶不及)이라는 말이 있다. 모든 사물이 정도를 지나치면 미치지 못한 것과 같다는 뜻이다. 공자가 제자인 자장과 자하의 인물됨을 비교해 말한 데서 비롯됐다. 자장은 기상이 활달하고 생각이 진보적이었지만 자하는 만사에 조심하며 모든 일을 현실적으로만 생각했다. 친구를 사귀는 데 있어서도 둘은 차이를 보였다. 자장은 천하의 사람이 다 형제라는 주의로 모든 사람을 동등하게 대하고 있었다. 자하는 '나만 못한 사람을 친구로 삼지 말라'고 제자들에게 가르쳤다.

공자는 자장의 허영심을 지적했고, 자하에게는 "군자유(君子儒)가 되고 소인유(小人儒)가 되지 말라"고 타이른 적이 있다. 군자유란 자신의 수양을 본의로 하는 구도자를 말하고, 소인유란 지식을 얻는 일에만 급급한 학자를 지칭한다. 자공이 공자에게 이 두 사람을 비교해 달라고 묻자 공자는 이렇게 답했다.

"자장은 지나치고 자하는 미치지 못한다."

"그러면 자장이 나은 것입니까?"

"과유불급, 즉 지나친 것은 미치지 못한 것과 같다."

『논어』「선진(先進)」편에 나오는 이야기다. 공자의 제자들 중에서 가장 뛰어나다고 여겨지는 수제자의 10인을 공문십철(孔門十哲)이라고 한다. 자공과 자하는 이 공문십철에 이름을 올렸지만 자장은 빠졌다.

과유불급은 기업의 마케팅 커뮤니케이션에서도 나타난다. 일반적으로 상품의 장점을 들으면 호감이 생긴다. 그러나 계속해서 좋은 점만 듣다 보면 오히려 믿음이 가지 않고 의심이 생긴다. 고객을 성공적으로 설득하기 위해서는 장점만 장황하게 나열하는 게 도움이 되지 않을 수 있다.

미국 로스앤젤레스 캘리포니아 대학(UCLA)과 조지타운 대학 연구팀이 재미있는 실험을 했다. 설득을 위해 얼마나 많은 장점을 주장하는 것이 가장 효과적인지를 알아봤다. 샴푸, 시리얼, 레스토랑, 정치인 등 네 가지 대상에 대해 장점을 하나씩 차례로 제시하면서 듣는 사람들의 태도 변화를 조사했다. 세 번째 장점을 제시할 때까지는 거의 모든 대상에 대해 공통적으로 호감도가 높아졌다. 그러나 네 번째 장점을 제시하면서부터 호감도가 하락하고 의심이 급격히 높아졌다. 여섯 번째 장점을 설명하자 한 가지 장점만 들려줬던 경우와 비슷한 수준까지 호감도가 떨어졌다.

이름을 떨치기 위해 무리수를 두면 탈이 날 수밖에 없다. 기업에서도 경영진이나 간부들을 제자리에 앉히지 못하면 위기를 맞는다. 사회가 혼란스러운 것 역시 능력이 안 되면서 높은 자리를 차지해 실위를 하고 있는 사람들 때문이다.

함량 미달이 고통을 양산한다. 자리를 차지했으면 자릿값을 해야 한다. 높은 자리를 차지하려고 안달할 것이 아니라 맞는 자리를 찾으려 노력해야 한다.

## 과유불급 : 지나침은 모자람만 못하다.

| 過 | 猶 | 不 | 及 |
|---|---|---|---|
| 지나칠 과 | 오히려 유 | 아닐 불 | 미칠 급 |
| 過 | 猶 | 不 | 及 |
| 過 | 猶 | 不 | 及 |
| | | | |
| | | | |
| | | | |

螳 螂 窺 蟬

당 랑 규 선

## 눈앞의 이익만 좇다간 큰 실패를 맛본다

사마귀가 매미를 노린다.
춘추시대 오나라의 태자 우가 아버지인 왕 부차에게 한 충고에서 비롯된 말.
매미만 노리느라 자신이 위험에 빠진 줄 모르는 사마귀의 어리석음은
오늘날에도 종종 발생한다.
눈앞의 이익을 취하기 전에 먼저 주위를 둘러보고 상황을 살펴라.

사람들은 작은 성공에 자만심을 갖기가 쉽다. 일단 작은 성공을 하고 나면 그 성공에 도취되어 남의 얘기를 잘 듣지 않게 된다. 충고보다 칭송을 듣고 싶어 한다. 그래서 충신을 멀리하고 간신을 가까이하게 된다. 사업을 하면서도 자신의 방식을 고수하려고 한다. 하지만 세상은 항시 변하기 때문에 어제의 성공 방정식으로 내일의 문제를 쉽게 풀 수는 없다. 자만을 버리고 위기를 대비하는 지혜가 필요하다.

춘추시대 말기 오나라 왕 부차는 월나라 공략에 성공한 후 자만

에 빠져 간신 백비의 중상을 믿은 나머지 충신이었던 재상 오자서를 죽게 만들었다. 그는 또 월나라에서 보내온 미인 서시와 방탕한 생활에 탐닉했다. 월왕 구천이 와신상담 재기를 노린다는 것을 아는 중신들이 간언을 해도 막무가내였다. 어느 날 아침 태자 우는 젖은 옷을 입고 활을 든 채 부차를 만났다.

"너는 아침부터 무슨 일이 있는 게냐?"

부차가 묻자 우가 작심한 듯이 이렇게 말했다.

"아침에 정원에 갔더니 높은 나뭇가지에 매미가 앉아서 울고 있었습니다. 그 뒤를 보니 사마귀 한 마리가 매미를 잡아먹으려고 노리고 있었습니다. 그때 갑자기 참새 한 마리가 날아와서 그 사마귀를 먹으려고 노려보았습니다. 그런데 사마귀는 통 기미를 알아채지 못하고 있었습니다. 저는 참새를 향해 활시위를 당겼습니다. 그런데 그만 활 쏘는 데 정신이 팔려 웅덩이 속으로 빠져버렸습니다. 그래서 옷을 이렇게 적신 것입니다. 천하에는 이런 예가 부지기수입니다. 이를테면 제나라는 까닭 없이 노나라를 쳐서 그 땅을 손에 넣고 기뻐했지만, 우리 오나라에게 그 배후를 공격받고 대패했듯이 말입니다."

부차는 태자의 말을 듣자마자 얼굴을 붉히며 소리쳤다.

"너는 오자서가 못 다한 충고를 할 셈이냐? 이제 그런 소리는 신물이 난다."

충심에서 우러난 간언을 듣지 않은 부차는 결국 월나라의 침입을 받아 멸망하고 그 자신은 자결하고 말았다. 여기서 사마귀가 매미를 잡으려고 엿본다는 말의 '당랑규선(螳螂窺蟬)'이 유래했다. 당랑규선은 눈앞의 작은 이익만을 좇다가 더 큰 이익을 놓치거나 위험에 처할 수 있음을 경고하는 말이다.

세상은 언제나 변하고, 사람은 변화에 자신을 맞춰 가야 한다. 자기 혁신이 없으면 절대로 세상을 제대로 볼 수가 없다. 항상 일어나는 세상의 변화를 탓하는 것은 무의미하며 변화에 적응하지 못하는 자신에게 문제가 있음을 깨달아야 한다. 자만을 버리고 작은 이익에 함몰되지 않도록 해야 한다.

기업도 마찬가지다. 오너가 부차처럼 참모들의 충언을 듣지 않고 자만하다가는 큰 낭패를 당할 수 있다. 기업이 어느 정도 성공하면 뒤에 몰려올 위험을 보지 않고 당장의 이득에 몰입한다. 결국 무리수를 두게 된다.

당랑규선 : 사마귀가 매미를 노린다.

| 螳 | 螂 | 窺 | 蟬 |
|---|---|---|---|
| 버마재미 당 | 사마귀 랑 | 엿볼 규 | 매미 선 |
| 螳 | 螂 | 窺 | 蟬 |
| 螳 | 螂 | 窺 | 蟬 |
|  |  |  |  |
|  |  |  |  |
|  |  |  |  |

燕雀處堂

연　작　처　당

## 위기를 외면하는 안락을 두려워하라

처마 밑의 제비와 참새들. 『공총자』 「논세」 편에 실린 이야기로,
지붕에 불이 붙은 줄도 모르고 즐겁게 재잘대는 처마 밑 새들의 모습을 의미한다.
대비할 수 있는 위험은 위험이 아니다.
소리 없이 다가와 한 순간에 몰아닥치기 때문에 위험인 것이다.
항상 긴장하라. 불확실성의 시대.
안심해도 좋은 곳은 어디에도 없다.

　중국 전국시대에 진나라가 조나라를 침공했다. 조나라에 이웃한 위나라의 위정자들은 조나라가 이기든 지든 나쁠 게 없다고 공론만 벌였다. 조나라가 이기면 조나라에 복종하고 조나라가 져서 약해지면 조나라를 제압하면 그만이라는 것이다. 그러나 위나라 재상인 자순이 이를 반박했다. 조나라가 문제가 아니라 강국인 진나라가 조나라를 꺾고 나면 위나라는 위기에 처할 것이라는 얘기다.

　"선인들의 말 가운데 '연작처당(燕雀處當)'이라는 말이 있소이다. 제비와 참새가 사람의 집에 둥지를 틀고 새끼와 어미가 서로 먹이를 먹여주면서 화락하게 지내며 스스로 안전하다고 여깁니다. 그 집의 굴뚝에서 불이 나서 마룻대와 추녀를 태우려고 하는데도 제비와 참새는 얼굴색도 변하지 않고 재앙이 자신에게 미치는 줄 모른다는 말입니다. 지금 그대들은 조나라가 멸망한 뒤에 재난이 자신에게 미치리라고는 생각조차 하지 않고 있소이다. 이를 어찌 연작과 다르다고 할 수 있겠소이까?”

공자의 9세손인 공부가 지은『공총자(孔叢子)』의「논세(論勢)」편에 실려 있다. 여기서 유래한 연작처당은 안락한 생활에 젖어 자신에게 닥쳐오는 위험을 조금도 자각하지 못하는 것을 비유하는 말로 쓰인다. 연작처옥(燕雀處屋)이라고도 한다.


구한말 일본 주재 중국 외교관이었던 환쥰셴(黃遵憲)이『조선책략』에서 당시 조선의 상황을 ‘연작처당’에 비유하면서 이 말이 더욱 주목을 받게 됐다.『조선책략』은 조선의 생존 전략으로 친중(親中)·결일(結日)·연미(聯美)를 제시했다. 중국과 친하게 지내면서 일본 미국과 한편이 돼 연대함으로써 러시아의 남하를 막아야 한다는 것이었다. 1880년 9월 어느 날, 김홍집이 일본에 수신사로 갔다가 귀국하면서『조선책략』을 가져다 고종에게 전달했다. 고종은 중신들에게 회람시킬 정도로 이 책에 각별한 관심을 보였지만 당시 조선의 지식인과 위정자들은 시대의 요구를 읽지 못했다. 이만손을 비롯한 영남 지식인 1만 명은 책의 내용을 비판하는「영남만인소」라는 상소를 올려 위정척사운동을 주도했다.

『한비자』는 위기는 항시 사전에 조짐을 보인다는 것을 가르치고 있다. 『한비자』에는 이런 구절이 있다.

"나무가 부러지는 것은 반드시 좀벌레를 통해서이고, 담장이 무너지는 것은 반드시 틈을 통해서이다. 비록 나무에 좀벌레가 있더라도 강한 바람이 불지 않으면 부러지지 않을 것이고, 벽에 틈이 생겼다고 하더라도 큰비가 내리지 않으면 무너지지 않을 것이다."

『한비자』는 나라가 망하는 조짐에 대해 열거하며 군주와 신하, 경제, 군사, 외교 등 사회 전반에 걸쳐 나타나는 조짐에 주목해야 한다고 했다. 1997년 대한민국이 외환위기를 당했을 때에도 사전에 위기의 징후가 여기저기서 나타났다. 기업 부도가 줄을 잇고 금융회사들의 자산 운용 건전성이 급격히 떨어지고 있었다. 하지만 당시 위정자들은 대마불사(大馬不死)라는 어설픈 믿음에 안주했다. 대형 금융회사나 재벌은 망하지 않을 것이라는 잘못된 믿음이었다. 위정자들의 연작처당으로 인해 국민들은 혹독한 대가를 치러야만 했다.

위기 조짐을 감지하고 대비하면 위기는 피해갈 수 있다. 하지만 위기를 모르는 채 안주하거나 위기 조짐을 무시하다가는 큰 낭패를 당할 수 있다. 개구리를 끓는 물에 집어넣으면 살기 위해 바깥으로 뛰어나오지만, 찬물에 넣고 서서히 물을 데우면 삶아져 죽는 것과 같은 이치다. 안락을 파괴하는 위기를 두려워할 것이 아니라 위기를 외면하는 안락을 두려워해야 한다.

연작처당: 처마 밑의 제비와 참새들.

| 燕 | 雀 | 處 | 堂 |
|---|---|---|---|
| 제비 연 | 참새 작 | 곳 처 | 집 당 |
| 燕 | 雀 | 處 | 堂 |
| 燕 | 雀 | 處 | 堂 |
| | | | |
| | | | |
| | | | |

明 鏡 止 水

명 경 지 수

## 허세를 부려도 밑천은 결국 드러난다

밝은 거울과 멈춰 있는 수면.
공자가 왕태의 맑은 심성을 비유하며 칭찬한 말.
표면이 거친 거울은 사람들이 좋아하지 않지만,
맑고 밝은 모습을 비추는 거울 주위에는 절로 사람이 모인다.
사람을 억지로 끌어들이려고 애쓰기 전에,
먼저 스스로 맑은 거울이 되는 게 순서다.

약하지만 강한 것처럼 가장해서 실속은 없으면서 큰소리를 치거나 헛소문과 허세로 떠벌린다는 뜻의 허장성세(虛張聲勢)라는 말이 있다. 허장성세는 적을 속이는 데에 요긴한 전술이 될 수도 있다. 이순신 장군이 임진왜란 때 왜적을 물리치기 위해 이용한 것으로 유명하다. 이순신 장군은 전라남도 목포시 유달산에 있는 노적봉을 짚과 섶으로 둘러 군량미가 산더미같이 쌓인 것처럼 보이도록 위장했다. 왜적은 엄청난 군세에 위압당해 스스로 퇴각했다.

중국에서도 비슷한 전술을 사용한 예가 있다. 중국의 진나라 장수인 위주와 선진이 위나라에 있는 오록성으로 쳐들어갔다. 이때 선진은 군사들에게 군대의 깃발을 산이나 언덕을 지나갈 때마다 꽂으라고 지시했다. 산야에는 수없이 많은 진나라의 깃발이 나부꼈다.

위주는 적진을 소리 없이 기습 공격해야 하는데 요란한 깃발을 사방에 꽂아 적군이 미리 대비하도록 하는 전술에 대해 은근히 불만을 제기했다. 하지만 전황은 선진의 작전대로 이루어졌다. 위나라 백성들이 성 위에 올라가 보니 진나라의 깃발이 온 산과 언덕에 셀 수 없이 펄럭이고 있었다. 위나라의 백성들은 두려움에 떨면서 달아났다. 오록성의 관리들도 도망치는 백성들을 막을 수 없었다. 진나라 군사가 오록성에 이르자 성을 지키는 사람이 아무도 없어 무혈입성하게 됐다.

이처럼 허장성세로는 일시적으로 어리석은 상대를 속일 수는 있다. 하지만 지속적으로 상대를 기만할 수는 없다. 실력을 길러 내실을 다져야 한다. 콘텐츠가 강해야 인기를 얻을 수 있다. 같이 어울리면 배울 것이 있어야 한다. 스스로 실력을 갖추면 굳이 허장성세를 하지 않더라도 인정을 받게 된다.

춘추시대 노나라에 왕태라는 선비가 있었다. 어쩌다 죄를 짓고 한쪽 발을 잘리는 형벌을 받았다. 그런 전력과 신체적 불구에도 그를 따르는 제자가 많아 공자의 제자 수와 맞먹을 정도였다. 공자의 제자 상계는 이를 못마땅하게 생각하고 공자에게 물었다.

"왕태는 수양하는 데 있어 자신의 지혜로써 자신의 마음을 알고,

그것에 의해 자신의 본심을 깨닫는다고 합니다. 이것은 어디까지나 자기 자신만을 위한 공부이지 남을 위하거나 세상을 위한 공부는 아닙니다. 그런데도 어떻게 그토록 많은 사람이 그에게 모여드는지 알 수 없습니다."

공자는 이렇게 대답했다.

"사람은 흐르는 물을 거울로 삼는 일이 없이 그친 물을 거울로 삼는다. 왕태의 마음은 그친 물처럼 조용하기 때문에 사람들은 그를 거울삼아 모여들고 있는 것이다."

공자는 왕태의 마음을 명경지수(明鏡止水)에 비유했다. 명경지수는 아주 맑고 깨끗한 심경이라는 뜻이다.

직장 생활을 하면서 남에게 인정받기 위해 안달하는 경우가 많다. 지나치면 동료는 물론 부하의 공을 자신의 것으로 돌리는 행위도 서슴지 않는다. 이런 행동은 잠시 동안은 상사나 회사로부터 인정받을지 모르나 길게 보면 결코 바람직하지 않다. 스스로 실력을 쌓고 인격을 연마하는 것이 바람직하다. 명경지수 같은 인품을 갖추는 것이 중요하다. 남들이 알아주기를 바라는 마음은 인지상정이다. 조직 생활을 하면서 인기를 끈다는 것은 복된 일이지만, 억지로 남의 이목을 끌기 위해 안달하는 사람들이 있다. 때와 장소를 가리지 않고 허풍을 떤다. 과거의 무용담이나 자신의 능력을 과장해서 자찬하는 것이다. 몇 번은 재미 삼아 들어 줄지 모르지만 결코 오래가지 못한다. '빈 수레가 요란하다' 라는 빈축을 사고 말 것이다.

명경지수 : 밝은 거울과 멈춰 있는 수면.

| 明 | 鏡 | 止 | 水 |
|---|---|---|---|
| 밝을 명 | 거울 경 | 그칠 지 | 물 수 |
| 明 | 鏡 | 止 | 水 |
| 明 | 鏡 | 止 | 水 |
| | | | |
| | | | |
| | | | |

口 蜜 腹 劍

구 밀 복 검

## 아첨에는 칼날이 숨어 있다

입에는 꿀을 바르고 뱃속에는 칼을 품다.
『십팔사략』에 저술된 당나라의 간신 이임보의 평가에서 유래된 말.
누구나 좋은 평가를 받고 싶어 하지만,
현명한 사람이라면 아첨을 가려들을 줄 안다.
아첨은 귀에는 달콤해도 당신의 머리를 썩게 만든다.
그 달콤함에 취해 판단을 흐리는 실수를 저지르지는 않았는가?

최고의 위치에 있는 사람은 고독감을 느끼는 경우가 많다. 자신의 판단이나 선택이 옳은 것인지에 대한 번민이 많을 수밖에 없다. 이런 심리적 공허함을 파고드는 것이 바로 아첨이다.

병을 고치는 약처럼 잘못된 행동을 고치는 직언을 '약석지언(藥石之言)'이라고 한다. 반대로 입을 즐겁게 하는 음식이 장을 상하게 하고 뼈를 썩게 할 때는 '난장부골(爛腸腐骨)'이라고 한다. 사람은 난장부골을 더 잘 듣고 약석지언은 다른 귀로 흘려보내기 쉽다.

당나라 현종 시절 이임보라는 간신이 있었다. 환관에게 뇌물을 바쳐 왕비에게 들러붙었다가 현종의 환심을 사 재상이 된 사람이다. 이임보는 황제의 비위를 맞추는 것에 그치지 않고 절개가 곧은 신하의 충언이나 백성들의 간언이 황제의 귀에 들어가지 못하게 막았다. 이임보는 걸핏하면 옥사(獄事)를 일으켰다. 그가 밤새 서재에 들어앉아 장고를 했다고 하면 다음 날은 어김없이 누군가가 주살됐다. 746년에는 독단으로 과거 응시자를 전원 불합격 처리했다. 우수한 관리가 출현하는 것을 아예 차단하려고 한 것인데 그때의 수험생 중에는 시인 두보도 있었다.

재상으로 지낸 19년 동안 이임보가 이렇게 분탕질을 쳤는데도 현종은 그 사실을 까마득히 몰랐다. 양귀비를 총애해 주색에 빠져 있었던 데다가 이임보의 아첨을 그대로 신뢰했기 때문이다. 이임보가 죽고 양귀비의 일족인 양국충이 재상이 되어 현종에게 이임보의 죄상을 낱낱이 고했다. 현종은 그제야 깨닫고 이임보의 생전 관직을 모두 박탈하고 부관참시(剖棺斬屍)에 처했다.

중국의 역사서인 『십팔사략(十八史略)』은 "이임보는 현명한 사람을 미워하고 능력 있는 사람을 질투한 성격이 음험한 사람이다. 사람들이 그를 보고 입에는 꿀이 있고 배에는 칼이 있다고 말했다"라고 기술했다. 여기서 구밀복검(口蜜腹劍)이라는 고사성어가 유래했다. 달콤하게만 들리는 아첨에는 분명히 칼날이 숨어 있고, 교묘한 아첨은 현명한 판단을 흐리게 한다.

조선 후기 문인 이하곤(李夏坤) 선생의 문집 『두타초(頭陀草)』에

수록된 「미호설(媚狐說)」에는 아첨하는 여우 이야기가 나온다. 여우는 호랑이에게 "호랑이 님을 황제라고 불러서 천하에 존귀함을 과시하는 게 어떨지요?"라고 아첨했다. 호랑이는 "기린은 나보다 어질지만 황제라고 부른다는 말을 못 들었고, 사자는 나보다 용맹하지만 황제라고 부른다는 얘길 못 들었다"라며 거절했다. 여우는 "기린이 어질다지만 용맹은 호랑이 님만 못하고, 사자가 용맹하다지만 어진 것은 호랑이 님만 못합니다. 온전한 덕을 갖추신 호랑이 님이 아니면 누가 황제가 되겠습니까?"라고 거듭 아첨했다. 호랑이는 마침내 온갖 동물 앞에서 자신을 황제로 칭하고, 여우를 '산중재상'이라 불렀다. 그리고 먹을 것이 생기면 먹지 않고 모두 여우에게 주었다.

여우가 호랑이에게 아첨한 것은 호랑이의 먹이가 탐났기 때문이다. 의연했던 호랑이도 여우의 현란한 말솜씨에 결국 넘어가고야 말았다. 권력자의 주변에는 여우처럼 배에 칼을 감추고 달려드는 아첨꾼이 많을 수밖에 없다. 현명한 사람이라면 아첨을 멀리할 줄 알아야 한다. 아첨에 빨려 들어가지 말고 약석지언과 난장부골의 균형을 찾는 노력이 필요하다. 이를 위해서는 잘 듣는 훈련을 해야 한다. 교언영색에 가려진 민낯을 볼 수 있는 지혜를 가져야 한다.

구밀복검 : 입에는 꿀을 바르고 뱃속에는 칼을 품다.

| 口 | 蜜 | 腹 | 劍 |
|---|---|---|---|
| 입구 | 꿀밀 | 배복 | 칼검 |
| 口 | 蜜 | 腹 | 劍 |
| 口 | 蜜 | 腹 | 劍 |
| | | | |
| | | | |
| | | | |

鄭人買履

정인매리

## 하던 대로 열심히 한다고 좋아하지 마라

정나라 사람이 신발을 사다.
『한비자』「외저설」에 등장하는 이야기로,
자신의 발 크기를 적은 종이를 두고 와서
신발을 사지 못하는 어리석음을 풍자한 말.
원리원칙은 목적을 효율적으로 달성하기 위해 중요하다.
목적을 잃은 원리원칙은 아무 쓸모가 없다.

　새로 들어간 회사에 출근했더니 경영지원 담당 직원이 결재 서류를 잔뜩 들고 들어왔다. 대충 훑어보니 절반이 넘는 서류가 휴가품의서였고 나머지는 야근 등에 관한 것이었다. 그 직원의 업무 중 대부분은 현업 직원들을 대신해 휴가신청서를 작성, 절차를 밟아 결재를 받은 다음 개별적으로 휴가일수를 별도로 관리하는 것이었다. 야근자 일지를 정리하고 근무시간을 합산해서 수당을 지급하는 일도 엄청났다. 하루하루 쌓여가는 서류를 보관하는 것도 큰 일거리였다.

이전 회사에서는 인트라넷으로 모든 휴가나 근무상황을 처리하고 온라인 결재를 했다. 그 경험을 살려 일상적인 행정업무는 인트라넷으로 처리하도록 업무개선을 유도했다. 그 직원에게는 단순 업무를 줄이고 부가가치가 높은 일을 하도록 했다. 당연히 업무 만족도가 높아지고 비용도 줄일 수가 있었다.

조금만 신경 쓰면 불필요한 업무를 확 줄이고 비용을 절감할 수 있는데도 아무 생각 없이 습관대로 일하는 경우가 많다. 사람은 기본적으로 생각하기를 싫어한다. 뇌는 몸무게의 2퍼센트밖에 되지 않지만 전체 에너지의 20퍼센트나 소비한다. 따라서 인간은 가급적 뇌를 적게 사용하려는 성향이 있다. 그래서 대부분의 사람들은 모든 것을 검토한 후 최적의 대안을 선택하기보다는 만족할 수준의 대안이 나오면 더 이상 고민하지 않고 판단을 멈춘다.

『한비자』의 「외저설(外儲說)」에는 생각 없이 행하는 어리석음을 꼬집는 이야기가 실려 있다. 복자라는 사람이 바지가 찢어져서 처에게 바지를 새로 만들어 달라고 했다. 처는 "바지를 어떻게 만들까요?" 물었고 복자는 "내 예전 바지처럼 만들어 주시오"라고 말했다. 그랬더니 그의 처는 새 바지를 만든 다음 찢어서 예전 바지처럼 만들었다.

정나라 사람이 신발을 사는 이야기도 나온다. 그는 신발을 사기 위해 먼저 자기 발의 크기를 자로 재서 종이에 적었다. 그러나 다음 날 신발을 고르다가 종이를 집에 두고 온 것을 알았다. 신발을 내려

놓고 집으로 돌아가서 종이를 가지고 왔지만 시장은 이미 파한 뒤였다. 옆에서 이를 지켜보던 사람이 "왜 직접 신어보지 않았습니까?"라고 물었다. 그러자 그 정나라 사람은 "저는 자로 잰 치수는 믿어도, 제 발은 믿을 수 없습니다"라고 대답했다.

'정나라 사람이 신발을 사다'라는 뜻의 정인매리(鄭人買履)는 여기서 유래했다. 원리원칙에만 얽매여 융통성이 없는 사람이나 깊이 생각하지 않고 엉뚱하게 일을 하는 사람을 풍자하는 말이다. 이런 사람이 설마 있을까 하고 비웃을 일이 아니다. 직접 신어 볼 생각은 하지 않고 종이만 찾는 식의 일 처리는 현실에서도 비일비재하다.

도강을 시도하다 군사를 잃은 어리석은 장군 이야기도 정인매리와 다를 바 없다. 100명의 군사를 거느린 장군이 강가에 도착했다. 장군은 참모에게 군인들의 평균 키와 강의 평균 깊이를 파악해서 보고하라고 했다. 참모는 군인들의 평균 키는 1.8미터, 강의 평균 깊이는 1.5미터라고 보고했다. 장군은 그 정도면 충분히 강을 건널 수 있다고 생각하고 도강을 명령했다.

그러나 강 언저리를 지나면서 물이 갑자기 깊어졌고 병사들은 물속에서 허우적거리기 시작했다. '돌격 앞으로'만 외치던 장군은 물에 빠져 죽는 병사가 속출하자 당황해서 그제야 회군을 명령했다. 하지만 이미 많은 군사를 잃은 뒤였다. 알고 보니 이 강의 최대 수심은 2미터였지만, 병사 중 2미터가 넘는 사람은 없었다.

늘 하던 대로 열심히만 한다고 좋아하지 마라. 늘 하는 일이라도 다시 생각해 보는 자세를 가져야 한다. 별 생각 없이 습관적으로 일하다 보면 발전을 기대할 수 없다. 무엇이든 항상 새로운 방식으로 효율성을 높이는 방법을 고민해야 한다.

## 정인매리 : 정나라 사람이 신발을 사다.

| 鄭 | 人 | 買 | 履 |
|---|---|---|---|
| 나라 정 | 사람 인 | 살 매 | 밟을 리(신 리) |
| 鄭 | 人 | 買 | 履 |
| 鄭 | 人 | 買 | 履 |
|  |  |  |  |
|  |  |  |  |
|  |  |  |  |

莫見乎隱

막 현 호 은

## 뒷모습까지 관리해야 하는 이유

숨겨져 있는 것보다 더 잘 보이는 것은 없다.
『중용』에 등장하는 가르침. 아무도 보지 않는다 해서 대충 넘어가거나
못된 욕심을 채우려 하면 곧 드러나고 만다.
보이지 않는 곳에서부터 조금씩 정성을 쌓아온 사람은 분명히 티가 난다.
누가 보지 않아도 스스로에게 부끄럽지 않은 사람이 돼라.


제프리 이멀트 GE 회장은 "리더십은 자기 자신을 찾아가는 여
정"이라고 했다. 이멜트 회장은 리더가 갖춰야 할 조건으로 끊임없
는 호기심과 외부 지향성, 승부에 대한 의지와 결단력, 꾸준히 저력
을 발휘할 수 있는 체력, 화합과 신뢰를 구축하는 능력, 우선순위에
대한 판단과 집중력 등 다섯 가지를 꼽았다.

이멀트 회장의 지적대로 리더는 체력 관리에 신경을 써야 한다.
빠르게 변화하는 경영 환경 속에서 꾸준히 저력을 발휘할 체력이
없다면 성공의 문을 찾을 때까지 결코 버틸 수 없다. 바쁜 일정 속

에서도 반드시 체력을 관리하는 습관을 가져야 한다.

리더는 화려한 경력의 앞모습 못지않게 뒷모습도 관리를 해야 한다. 평범한 사람이라면 잘 드러나지 않을 것들도 쉽게 노출되기 때문이다. 인사청문회 제도가 도입된 후 고위 공직자들이 혹독한 검증 절차를 받게 되면서 감춰져 있었던 치부가 드러나고 낙마하는 사례가 속출한다. 당사자들은 억울한 측면도 있겠지만 그 정도의 도덕성을 요구하는 것은 무리가 아니다. 도덕성은 머리가 좋거나 능력이 있다고 갖춰지는 것이 아니기에, 후보자로 지명된 후에 부랴부랴 확보할 수도 없다. 살아오는 동안 하나하나 스스로 쌓아놓은 진실을 외면할 수 없다.

『중용(中庸)』에는 '막현호은(莫見乎隱), 막현호미(莫顯乎微)'라는 말이 나온다. '숨겨져 있는 것보다 더 잘 보이는 것은 없고, 아주 작은 것보다 더 잘 드러나는 것은 없다'라는 뜻이다. 『중용』은 그래서 "군자는 보지 않는 곳에서 삼가고, 들리지 않는 곳에서 스스로 두려워해야 한다"며 '신독(愼獨)'을 가르치고 있다. 『송사(宋史)』에서는 신독을 "홀로 걸을 때 그림자에 부끄러움이 없어야 하고, 홀로 잠잘 때에도 이불에 부끄러움이 없어야 한다"라고 풀이하고 있다. '보이지 않는 곳'에서 '보이지 않는 것'을 잘 가꾸기는 쉽지 않다.

이 정도는 상관없겠지 하는 마음이 신독을 어렵게 만든다. 남이 알아주는 것을 염두에 두고 하는 일은 속일 수 있지만, 나를 위해 하는 일은 속일 수가 없다. 그래서 남에게 잘 보이기 위해 하는 일은 우수하다는 평가를 받을 수는 있어도 위대하다는 평가를 받기는 어렵다. 위대함은 자신을 속이지 않을 때 탄생한다.

미켈란젤로는 시스티나 성당에 천장화인 「천지창조(Genesis)」를 그렸다. 천장 밑에 세운 작업대에 앉아 고개를 뒤로 젖힌 채 천장에 물감을 칠해 나가는 고된 작업이었다. 목과 눈에 이상이 생기기도 했지만, 그는 모든 어려움을 극복하고 혼자서 4년 만에 이 대작을 완성했다. 누군가가 "그렇게 고생해서 구석진 곳에 잘 보이지도 않는 인물 하나를 그려 넣는다고 누가 알아주겠느냐"라고 묻자 미켈란젤로는 이렇게 답했다.

"제가 압니다."

애플의 스티브 잡스도 같은 얘기를 했다. "누가 PC보드 모양까지 신경 씁니까? 아무도 PC보드 안을 들여다보지 않아요"라고 말하자 잡스는 "제가 봅니다"라고 답했다. 비록 케이스 안에 있다 할지라도 가능한 한 아름다워야 한다. 위대한 목수는 장롱 뒷면이라고 해서 형편없는 나무를 쓰지 않는다는 것이 그의 생각이었다.


"설마 누가 보려고" 하는 생각으로 대충하거나 사적인 욕심을 채우려고 하면 곤란하다. 스스로 엄격하지 않으면 리더의 도덕성은 무너지기 쉽다. 막현호은을 염두에 두고 청렴과 도덕성을 길러 나가는 것은 리더십 훈련 프로그램에서 기본 교양과목이라고 할 수 있다.

『채근담(菜根譚)』은 "홀로 있을 때 삼갈 줄 아는 사람이 진정한 군자이다. 간장에 병이 들면 눈이 보이지 않게 되고, 신장에 병이 들면 귀가 들리지 않게 된다. 병은 남이 보지 못하는 곳에서 생기지만, 남들이 볼 수 있는 곳에서 드러난다. 그러므로 군자는 밝은 곳에서 죄를 얻지 않으려면 먼저 어두운 곳에서 죄를 짓지 말아야 한다"라고 가르치고 있다.

막현호은 : 숨겨져 있는 것보다 더 잘 보이는 것은 없다.

| 莫 | 見 | 乎 | 隱 |
|---|---|---|---|
| 없을 막 | 나타날 현 | 어조사 호 | 숨길 은 |
| 莫 | 見 | 破 | 隱 |
| 莫 | 見 | 破 | 隱 |
| | | | |
| | | | |
| | | | |

## 사람의 판단은 관점에 따라 달라진다

한 가지 물을 네 가지로 다르게 본다.
모두 같은 생각을 가질 수는 없고, 어느 하나의 의견만이 옳은 것은 아니다.
다르게 생각할 줄 알고 그것을 인정할 줄 알아야 개인도 조직도 발전한다.
하물며 리더에게는 그 다양한 생각을 아울러
새로운 것으로 이끄는 능력이 필요하다.


고대 그리스의 철학자 디오게네스는 가난하지만 부끄러움이 없는 자족 생활을 실천했다. 그가 길모퉁이에 앉아서 콩과 빵으로 저녁식사를 하고 있을 때 동문수학한 아리스토포스가 지나갔다. 왕에게 아부하며 편안한 생활을 영위하던 그가 "자네가 왕에게 봉사하는 방법을 알고 있다면 이렇게 길거리에서 콩이나 먹으며 살지 않아도 될 텐데"라고 말하자 디오게네스는 이렇게 대답했다.

"자네가 콩을 먹으며 사는 방법을 알았다면 왕에게 아부하며 살지 않아도 됐을 걸세."

일수사견(一水四見)이란 말이 있다. 똑같은 물을 두고 천계에 사는 신은 보배로 장식된 땅으로 보고, 인간은 물로 보고, 아귀는 피고름으로 보고, 물고기는 보금자리로 본다는 뜻이다. 같은 대상이지만 보는 이의 시각에 따라 각각 견해가 사뭇 다를 수가 있다. 누구나 자신의 관점대로 사물을 판단한다. 그래서 서로 다름을 인정하지 않으면 아무도 자신의 생각대로 살 수가 없게 된다.

맹자는 "남을 예우해도 답례가 없으면 자기의 공경하는 태도를 돌아보고, 남을 사랑해도 친해지지 않으면 자기의 인자함을 돌아보고, 남을 다스려도 다스려지지 않으면 자기의 지혜를 돌아보라"고 했다. 자기중심의 시각이 아니라 상대의 시각에서 헤아려 보라는 가르침이다.

내가 바라는 대로 상대방을 움직이려면 어떻게 해야 할까? 답은 자율성을 이끌어내는 것이다. 부모가 공부를 하라고 일방적으로 강요한다면 아이는 오히려 짜증을 낼 것이다. 스스로 공부할 수 있을 때 비로소 공부에서 자유로울 수 있다. 일도 마찬가지다. 상사가 잔소리를 하고 일거수일투족을 관리한다면 직원은 상사의 눈치만 보게 될 것이다. 일의 노예가 아니라 일의 주인이 되도록 해야 한다.

사람의 판단은 관점에 따라 달라질 수 있다. 신이 아니기 때문에 완벽하게 전체를 볼 수 없다.

내가 알고 있는 것이 전부가 아님에도 사람은 자신이 친숙한 것에 대해 쉽게 받아들이려고 한다. 처음 보는 것인데도 어디선가 본

것처럼 느끼는 '데자뷔(De ja vu)' 현상도 이런 성향 때문이다. 그러나 사물을 제대로 이해하려면 익숙한 관점을 버리고 새롭게 바라보는 노력이 필요하다.

2003년 『역발상의 법칙(Weird ideas that work)』을 펴낸 스탠퍼드대 경영학과 로버트 서튼 교수는 데자뷔를 거꾸로 적은 '뷔자데(Vu ja de)'라는 표현을 끄집어냈다. 익숙한 것을 낯설게 느끼는 것으로, 친숙한 것에서 새로운 것을 창조하는 원리라고 설명한다. 사실 하늘에서 갑자기 떨어지는 창조물이란 없다. 늘 접하는 사물을 뒤집어 보고 거꾸로 해석해 보고 옆으로 쳐다보면서 재해석해야 새로운 것을 창조할 수 있다. 고기만 뒤집는 것이 아니다. 생각도 뒤집어야 한다. 오감을 액면 그대로 믿지 않고, 동시에 익숙하지 않은 생각도 수용하려는 유연성에서 '뷔자데 효과'가 나타나게 된다.

흔히 사업을 할 때는 블루오션을 찾기 위해 기존에 형성된 레드오션과 동떨어진 분야를 열심히 뒤진다. 하지만 레드오션을 차별화하는 것이 곧 블루오션이다. 남들이 모두 사양 산업이라고 해도 새롭게 바꾸면 블루오션이 된다.

일수사견 : 한 가지 물을 네 가지로 다르게 본다.

| 一 | 水 | 四 | 見 |
|---|---|---|---|
| 한 일 | 물 수 | 넉 사 | 볼 견 |
| 一 | 水 | 四 | 見 |
| 一 | 水 | 四 | 見 |
| | | | |
| | | | |
| | | | |

## 베풀 수 있을 때 베푸는 게 순리다

영리한 토끼는 굴을 세 개 뚫어 놓는다.
제나라 재상 맹상군과 그의 책사 풍환의 일화에서 유래된 말.
현명한 사람은 언제나 플랜B를 마련해둔다.
플랜A에 최선을 다하더라도 실패의 가능성을 배제해서는 안 된다.
최고의 플랜B는 사람이다. 베풀 수 있을 때 베풀어 두어라.
언젠가 좋은 일로 되돌아올 것이다.

'있을 때 잘 할 걸….' 현직에서 물러난 사람들이 하나같이 하는
말이다. 잘나갈 때는 별로 아쉬움이 없다. 바쁘다는 핑계로 주변 사
람들에게 소홀하게 대할 때도 많고, 누군가가 도움을 요청해도 까
탈을 부려 서운하게 만들곤 한다. 그러다가 현직을 그만두면 모든
것이 후회가 된다. 베풀 수 있을 때 베푸는 것이 순리이다.

제나라의 재상 중에 맹상군이라는 귀족이 있었다. 맹상군은 재능
있는 현사들을 좋아해서 찾아오는 사람이 있으면 귀천을 가리지 않
고 이른바 '식객(食客)'으로 재워주고 먹여주었다. 그 식객 중에 풍

휜이라는 사람이 있었다. 본디 거지였는데 맹상군이 식객을 좋아한다는 말에 짚신을 신고 먼 길을 걸어온 사람이다. 다른 식객들은 별 재주가 없어 보이는 그를 얕보며 잡곡밥에 푸성귀만 주면서 대접에 소홀히 했다. 풍휜은 대청 기둥에 기대어 앉아 검을 박자에 맞춰 두드리면서 노래를 불렀다.

"장검아, 장검아, 이제는 돌아가자. 물고기도 먹을 수 없으니 돌아가지 않고 뭐 하겠느냐."

그것을 본 맹상군은 아랫사람들에게 "풍휜에게도 다른 식객들처럼 물고기를 주며 잘 대접하라"고 지시했다. 며칠 지난 후 밖에 나갔다가 돌아온 풍휜은 또 기둥에 기대어 앉아 노래를 불렀다.

"장검아, 장검아, 돌아가자. 밖에 나가는데 수레가 없으니 돌아가지 않고 뭐 하겠느냐."

그 말을 들은 맹상군은 아랫사람들에게 "풍휜도 다른 식객들과 똑같이 밖으로 나갈 때 수레를 내 주어라"라고 지시했다. 얼마 지나지 않아서 풍휜은 또 노래를 불렀다.

"장검아, 장검아, 돌아가자. 여기서는 노인을 봉양할 수 없으니 돌아가지 않고 뭐 하겠느냐."

그 노래를 들은 맹상군은 이번에도 아랫사람들에게 분부해 그의 어머니에게 매일 세 끼의 음식을 보내게 했다. 그 다음부터는 풍휜의 노랫소리가 들리지 않았다.

맹상군은 설 지방에 1만 호의 식읍을 가지고 있었다. 삼천 명의 식객을 부양하기 위해 식읍 주민들에게 돈놀이를 하고 있었는데 도무지 갚을 생각을 하지 않았다. 누구를 보내 독촉할까 궁리하고 있을 때 1년간 무위도식으로 일관했던 풍훤이 그 일을 자청했다. 풍훤은 출발하면서 "빚을 받고 나면 무엇을 사올까요?"라고 물었다. 맹상군은 "무엇이든 좋소. 여기에 부족한 것을 부탁하오"라고 답했다. 설에 당도한 풍훤은 빚진 사람들을 모아서 차용증을 하나하나 점검한 후 이자만 받았는데도 10만 전이나 되었다. 예상외의 많은 이자를 받은 후 그는 사람들에게 말했다.

"맹상군은 여러분의 상환 노력을 어여삐 보시고 이제 모든 채무를 면제하라고 나에게 분부하셨소."

그러고는 모아놓았던 차용증 더미에 불을 질렀다. 사람들은 그의 처사에 감격해 마지않았다. 설에서 돌아온 풍훤에게 맹상군이 무엇을 사왔느냐고 물었다.

"대감께 지금 부족한 것은 은혜와 의리입니다. 그래서 차용증서를 불살라 은혜와 의리를 사 가지고 왔습니다."

의기양양하게 대답하는 풍훤을 보며 맹상군은 몹시 언짢았지만 아무 말도 하지 않았다. 1년 후 맹상군은 새로 즉위한 민왕에게 미움을 사 재상에서 물러났다. 그러자 삼천 명의 식객들이 모두 뿔뿔이 흩어져 버렸지만 풍훤은 남았다. 어쩔 수 없이 맹상군은 설 지방으로 가게 되었는데, 맹상군이 나타나자 주민들이 환호하며 맞이하는 것이었다. 맹상군은 풍훤에게 "선생이 전에 은혜와 의리를 샀다고 한 말뜻을 이제야 겨우 깨달았소"라며 감사했다. 그러자 풍훤은 이렇게 대답했다.

"교활한 토끼는 구멍을 세 개 파 놓습니다. 지금 대감께서는 겨우 한 개의 굴을 가졌을 뿐입니다. 대감님을 위해 나머지 두 개의 굴도 파 드리겠습니다."

'교토삼굴(狡兎三窟)'이란 말이 여기서 유래했다. 불안한 미래를 위해 미리 준비하라는 의미로 쓰인다. 풍훤은 위나라 혜왕을 찾아가 맹상군을 등용하면 부국강병을 실현할 것이며 동시에 제나라를 견제할 수 있다고 설득했다. 마음이 동한 혜왕이 금은보화를 준비해 세 번이나 맹상군을 불렀지만 그때마다 맹상군은 거절했다. 사실은 풍훤이 맹상군에게 응하지 말라고 은밀히 이야기했던 것이다. 이 사실을 전해들은 제나라 민왕은 아차 싶어 다시 맹상군에게 사신을 보내 사과하고 재상의 직위를 복직시켜 주었다. 이것이 두 번째 굴이었다.

풍훤은 다시 민왕을 설득해서 설 지역에 제나라 선대의 종묘를 세우게 만들었다. 선대의 종묘가 맹상군의 영지에 있는 한 설혹 제왕의 마음이 변심해도 맹상군을 함부로 대하지 못할 것이라는 계산에서였다. 이것이 세 번째 굴이었다. 이리하여 맹상군은 수십 년 동안 아무런 위협이나 화액을 당하지 않고 순조롭게 제나라 재상을 지냈다.


미리 준비를 한다는 것은 결국 사람에게 먼저 베풀라는 것과 같다. 맹상군처럼 사람을 차별하지 않고 먼저 베풀 줄 아는 리더에게는 인재가 절로 따르기 마련이다. 상대의 진정 어린 마음을 얻으면 어려울 때 필요한 토끼굴이 생기게 된다.

현직에 있으면 민원을 들고 찾아오는 사람이 성가시게 느껴지는 경우가 많다. 하지만 좀 더 자상해질 필요가 있다. 내가 어려워졌을 때 누가 나를 위해 굴을 파 줄지 알 수 없다. 꼭 대가를 바라서가 아니라도 먼저 베풀다 보면 그것이 다름 아닌 나를 위해 굴을 파는 것이 될 수 있다는 얘기다.

교토삼굴 : 영리한 토끼는 굴을 세 개 뚫어 놓는다.

| 狡 | 兎 | 三 | 窟 |
|---|---|---|---|
| 교활할 교 | 토끼 토 | 석 삼 | 굴 굴 |
| 狡 | 兎 | 三 | 窟 |
| 狡 | 兎 | 三 | 窟 |
| | | | |
| | | | |
| | | | |

# 돈보다 사람에 투자하라

**—사람의 마음을 얻고 싶은 당신을 위한 한마디**

# 同舟共濟

## 동 주 공 제

## '네가 있어 내가 있다'

한 배에 타고 함께 물을 건너다.
같은 조직에 몸을 담았다면 서로 도울 수밖에 없다.
공동운명체임에도 서로 싸우고 돌아선다면
조직의 운명은 물론 개인의 생사도 위태롭다.
개인의 작은 이익 때문에 서로 헐뜯기보다
함께 얻을 큰 이익을 생각하는 것이 현명하다.

직장 생활을 하다 보면 문득 삭막한 초원에서 먹이를 두고 다투는 야생동물들이 연상될 때가 있다. 그 먹이를 놓치는 순간 죽을 것만 같은 분위기이다. 주위를 둘러보면 자신의 출세를 위해 남을 딛고 올라서려는 사람이 있을 것이다. 그런 사람은 어느 조직에나 있다. 그런 상사를 만나 조직을 떠나는 사람이 많다. 회사는 마음에 들지만 상사가 마음에 들지 않아서 회사를 그만둔다는 것이다. 그런 상사를 올바른 방향으로 유도하는 것은 불가능하다. 있는 그대로 인정하고 인내할 수밖에 없다. 그와 맞서기보다 그와 다른 방식으로 극복하는 지혜를 발휘해야 한다.

서양의 한 인류학자가 아프리카 한 부족 어린이들에게 게임을 제안했다. 과일을 한 바구니에 담아 멀리 떨어진 나무에 매달아 놓은 뒤 제일 먼저 바구니에 도착한 사람이 과일 바구니를 통째로 가지도록 했다. 그 학자는 게임 룰을 설명한 뒤 "시작"을 외쳤다. 과일 바구니를 놓고 아이들에게 경쟁을 붙이려던 학자는 깜짝 놀랐다. 아이들은 미리 약속이나 한 듯이 서로 손을 잡은 채 함께 달려가 바구니에 있는 과일을 나눠 먹고 있었다. 그래서 그 아이들에게 물었다.

"애들아, 한 사람이 1등으로 도착하면 과일을 혼자 다 가질 수 있는데 왜 다 같이 갔니?"

아이들은 이구동성으로 외쳤다.

"우분투!"

그리고 한 아이가 이렇게 되물었다.

"과일을 혼자 다 가지면 나머지 다른 아이들이 슬퍼할 텐데 어떻게 행복할 수 있나요?"

'우분투(UBUNTU)'는 남아공 반투족의 말로 코사족과 줄루족 등 수백 개 부족이 즐겨 쓰는 인사말이다. "네가 있어 내가 있다(I am because you are)", "우리가 함께 있어 내가 있다(I am because we are)"라는 뜻이다.

남아공은 인종차별 정책이 심했다. 인종차별 정책을 아파르트헤이트(Apartheid)라 부른다. 하지만 흑인들은 백인들을 향해 '당신들이 있기에 우리가 있다'라는 '우분투'를 외쳤다. 마침내 1994년 흑인 지도자인 넬슨 만델라가 대통령으로 선출되며 절대로 없어질 것 같지 않던 인종차별 정책이 무너졌다. 흑인들의 우분투 정신이 백인들의 영혼과 마음을 감동시켰던 것이다. 넬슨 만델라 대통령도 '우분투'란 말을 항상 가슴에 품고 다녔고 국제사회에 자주 강조함으로써 이 말이 널리 알려지게 됐다.

약육강식만이 통하는 정글의 맹수들을 보면서도 공유라는 인간의 지혜를 그들은 깨닫고 있었던 것이다. 아프리카 격언에 '빨리 가려면 혼자 가고, 멀리 가려면 함께 가라'는 말이 있다. '우분투'와 함께 조직의 정글에서도 멀리 가는 방법에 대한 격언으로 자리를 잡아가고 있다.

임직원이 한마음 한뜻으로 나아가자고 할 때 동주공제(同舟共濟)라는 말을 주로 사용한다. 동주공제는 같은 배를 타고 서로 협력해서 강을 건넌다는 뜻이다. 서로 미워하면서도 공통의 어려움이나 이해에 대해서는 협력할 때 비유하는 오월동주(吳越同舟)와 같은 말이다. 유명한 병법서 『손자병법』을 쓴 손무(손자)가 「구지(九地)」편에서 "오나라 사람과 월나라 사람은 서로 미워한다. 그러나 그들이 같은 배를 타고 가다가 바람을 만나게 되면 서로 돕기를 좌우의 손이 함께 협력하듯이 한다"라고 말한 데서 유래했다. 서로 원수지간이면서도 어떤 목적을 위해 부득이 협력을 하는 상태를 일컫는다.

원수지간에도 협력하는 마당에 하물며 같은 직장 동료끼리 협력하지 못할 이유는 없다.

동주공제 : 한 배에 타고 함께 물을 건너다.

| 同 | 舟 | 共 | 濟 |
|---|---|---|---|
| 같을 동 | 배 주 | 함께 공 | 건널 제 |
| 同 | 舟 | 共 | 濟 |
| 同 | 舟 | 共 | 濟 |
|  |  |  |  |
|  |  |  |  |
|  |  |  |  |

## 상황은 비판해도 사람은 공격하지 마라

입은 재앙으로 가는 문이다.
다섯 왕조, 열한 명의 천자를 섬긴 재상 풍도의 처세 비결로 알려진 말.
비판적 사고와 부정적 태도를 구분하지 못하는 사람이 많다.
아무리 건전한 비판이라 주장해 봐도, 타인에 대한 부정적 언사는
결국 화가 되어 돌아올 것이다.
상황을 비판하되 사람을 공격하지 마라.
그것만으로도 살아남을 수 있다.

인생에서 멘토로 삼을 만한 사람이 많을 것 같지만 의외로 그렇지 않다. 자주 대하는 주변 사람들은 장점보다도 단점이 눈에 띄기 쉽다. 특히 상사의 경우에는 더욱 그렇다. 인생 선배로서 나를 이끌어 줄 만한 학식과 덕성을 모두 갖추기가 어디 쉽겠는가. 능력이 있어도 후배를 대하는 태도가 문제가 될 수 있고 품성은 좋은데 일 처리가 답답한 때도 있다.

부하의 입장에서는 상사와 조직에 대한 불만이 생기는 것이 당연하다. 오히려 조직에 대한 불만과 상사에 대해 비판할 게 없다면 비

판 의식 없이 그냥 월급을 타기 위해 회사를 다니는 것이라 볼 수 있다. 이런 회사 생활은 본인에게도 바람직하지 않지만 회사에도 득이 될 게 없다.

그러나 뒤에서 비난하거나 욕하는 일은 삼가야 한다. 낮말은 새가 듣고 밤말은 쥐가 듣는다. 등 뒤에서 안 좋은 소리를 하는 부하를 좋아할 사람은 없다. 술자리에서 누군가를 안주 삼아 비난하는 모습을 보면 그 자리에서는 모두 맞장구칠지는 모르지만 돌아서면 경계의 대상으로 여길 것이다.

비판 의식을 갖는 것과 투덜거리고 욕하는 것은 다르다. 가끔씩 불만을 내뱉거나 불평을 한다면 큰 문제는 아니다. 하지만 그것이 습관이 된다면 중독과 비슷해진다. 불평불만에 중독된 사람치고 성공한 사람은 드물다. 상사와의 갈등으로 그를 욕할 수밖에 없는 상황이면 그 직장을 그만두는 게 옳다. 계속 다니려면 마음을 바꿔 먹고 그를 인정해야 한다. 갈등을 안고 직장 생활을 계속하는 것은 스스로 암을 배양하는 것과 같다.

자공이 공자에게 물었다.

"군자도 싫어하는 사람이 있습니까?"

"군자도 당연히 싫어하는 사람이 있다. 남의 약점을 떠들고 다니는 자, 상사에 대해 험담하는 자, 용기는 있으되 무례한 자, 과감하지만 소통이 안 되는 자를 싫어한다."

인(仁)을 강조하는 공자마저도 상사에 대해 험담하고 남의 약점을 떠벌리는 사람을 싫어한 것이다.

중국 당나라 말기에 풍도라는 정치가가 있었다. 뛰어난 현실주의 정치가로 평가받는다. 당나라가 멸망하고 오대십국 시대가 열리면서 왕조가 난립했지만 풍도는 뛰어난 처세술로 다섯 왕조에 걸쳐 열한 명의 천자(天子)를 섬겼다. 30년 동안 고관을 지냈고 재상을 지낸 것만도 20년을 넘겼다.

왕조가 바뀔 때마다 현실정치를 펼쳐 새 왕조를 옹호한 그를 두고 사람들은 지조가 없는 정치가라고 비난을 하기도 했다. 하지만 풍도는 자신의 저서 『장락로자서(長樂老自敍)』에서 자신은 황제를 섬긴 것이 아니라 나라를 섬겼다고 했다. 『전당서(全唐書)』의 「설시(舌詩)」 편에 풍도의 처세술이 담긴 글이 실려 있다. 처세술의 기본은 입조심부터 하는 것이다.

"입은 곧 재앙의 문이요, 혀는 곧 몸을 자르는 칼이다. 입을 닫고 혀를 깊이 감추면 처신하는 곳마다 몸이 편하다."

입은 재앙을 불러들이는 문이 된다는 '구화지문(口禍之門)'이라는 사자성어가 여기서 나온 말이다.

주자의 『경재잠(敬齋箴)』에도 "독에서 물이 새지 않는 것과 같이 입을 다물고 발언에 신중을 기하라"고 했다. 병마개를 막아두듯이 입을 꼭 닫으라는 수구여병(守口如瓶)을 말하고 있다. '화는 입으로부터 나오고 병은 입으로부터 들어간다'라는 말도 있다. '모든 중생은 화가 입 때문에 생긴다'라는 말도 있다. 모두 입조심을 강조하는 말들이다.

기자 생활을 하면서 상사로 모셨던 존경하는 선배의 이야기다. 그분이 데스크(부장)를 할 때 같은 부서 기자들은 회식 때마다 돌아가면서 문제가 많았던 편집국장에 대한 불만을 얘기했다. 데스크들 사이에서도 편집국장에 대한 불만은 많았다. 후배들이 불만을 토로하면 데스크가 맞장구를 치면서 스트레스를 풀 법도 했다.

하지만 그 선배는 후배들의 이야기를 듣고 있다가 "그래도 회사에 대한 충성심이 대단한 분이야. 이번에 회사를 위해 이런 일을 하시려고 해"라며 분위기를 바꾸었다. 같이 근무하면서 그 선배가 윗사람을 욕하는 모습은 보지 못했다. 그 선배는 편집국장을 하고 나서 임원으로 승승장구했다.

아리스토텔레스는 "남을 따르는 법을 알지 못하는 사람은 좋은 지도자가 될 수 없다"고 했다. 마찬가지로 남을 뒤에서 욕하는 사람도 좋은 지도자가 될 수 없다. 직장에서 동료들이나 상사로부터 좋은 평가를 받을 수 없는 사람은 자신의 입을 살펴봐야 한다. 남의 장점을 칭찬하는 사람, 상사에 대해 호평하는 사람, 예절을 지키면서도 용기 있는 사람, 경청과 소통을 잘하면서 결단력이 있는 사람이 환영받기 마련이다.

구화지문 : 입은 재앙으로 가는 문이다.

| 口 | 禍 | 之 | 門 |
|---|---|---|---|
| 입 구 | 재앙 화 | 갈 지 | 문 문 |
| 口 | 禍 | 之 | 門 |
| 口 | 禍 | 之 | 門 |
| | | | |
| | | | |
| | | | |

漱石枕流

수 석 침 류

## 내 자존심도 지키고 상대방도 만족시키려면

돌로 양치질하고 흐르는 물을 베개 삼다.
침석수류(漱石枕流, 돌을 베개 삼고 흐르는 물로 양치질하다)를
잘못 말해 놓고도 틀린 것을 인정하기 싫어
억지 해석을 붙였다는 고사에서 비롯된 말.
잘못을 인정하고 받아들이는 사람은 그것을 바탕으로 한 단계 발전한다.
어쭙잖은 자존심은 스스로의 발전을 가로막는다는 사실을 기억하라.

중국 진나라에 손초라는 젊은이가 속세를 떠나 산속에 은거하기로 마음먹었다. 그의 친구인 왕제가 그 까닭을 묻자 손초는 이렇게 말했다.

"수석침류(漱石枕流)하려고 한다."

돌로 양치질하고 흐르는 물을 베개로 삼겠다는 말이다. 이 말을 들은 왕제는 웃으며 말했다.

"침석수류(枕石漱流)하겠다는 얘기겠지."

손초가 돌을 베개 삼아 누워 자고 흐르는 물로 양치질하는 생활

을 하고 싶다는 '침석수류'라는 말을 하려다가 '수석침류'라고 잘못 말한 것 아니냐는 지적이다. 그러나 자존심이 강한 손초는 실언이 아님을 강조했다.

"흐르는 물을 베개로 삼겠다는 것은 옛날의 은자인 허유(許由)처럼 쓸데없는 말을 들었을 때 귀를 씻으려는 것이고, 돌로 양치질을 한다는 것은 이를 단단하게 한다는 뜻일세."

'수석침류(漱石枕流)'라는 말이 여기서 유래했다. 남에게 지기 싫어 사실이 아닌 것을 억지로 고집부리는 것을 말한다. 실수를 인정하려 들지 않고 억지를 쓰는 것을 일컫는 말로도 쓰인다.

직장 생활을 하면서 다른 사람과 관계가 서먹서먹해지는 것은 논쟁 때문인 경우가 많다. 회사의 중요한 업무에서부터 정치·사회적 이슈는 물론 사소한 이야기에 이르기까지, 처음에는 상대방을 배려하면서 이야기를 주고받다가도 사소한 자존심이 훼손되면 억지 주장도 마다하지 않는 상황으로 치닫는다.

사람은 누구나 자신의 주장에 강하게 집착하는 경향이 있다. 별로 중요하지도 않은 얘기를 하다가 자신의 주장에 도취되는 일도 생긴다. 상대방이 어떤 반응을 보이는지 아랑곳하지 않고 장광설을 늘어놓는다. 듣고 있던 상대방이 이따금 잘못된 표현이나 논리를 바로잡아 줄 기미가 보이면 단호하게 차단한다. 그러다 보면 결과는 대부분 안 좋게 끝난다. 힘주어 주장을 펴다가 상대방이 받아주지 않으면 자존심이 상하고 의기소침해질 수 있다. 억지로 상대방을 설득시켰다고 만족해도 기피 인물로 낙인찍힐 가능성이 크다.

반면 남의 주장을 경청할 때에는 답답함을 느끼지만 지나고 보면 잘했다는 생각을 갖게 된다. 자존심도 지키고 상대방도 만족시키려면 설득할 생각보다 설득당할 준비를 먼저 해야 한다. 맹자는 "남을 사랑하는 사람은 남에게 영원히 사랑을 받고, 남을 존경하는 사람은 영원히 남에게 존경을 받는다"라고 했다.

직장 생활에서 상사는 부하 직원과 업무적으로 끊임없이 소통을 해야 하고 잘못을 지적해야 할 때도 많다. 꾸중은 간단명료하게 해야 효과적이다. 긴 질책은 절대 건설적일 수 없다. 두루뭉술한 지적도 피하는 것이 좋다. 참았다가 한꺼번에 몰아서 토해 내는 호통은 최악이다. 의도와 상관없이 인신공격으로 비칠 가능성이 크다. 피드백은 그때그때 자주 단발성으로 해주는 것이 좋다.

화가 난 상태에서 부하 직원을 부르지 마라. 냉철한 자세로 사태를 수습할 수 없다. 부하 직원에게 화풀이를 하고 말 것이고, 잠시 속은 풀릴지 몰라도 오랫동안 원망을 들을 것이다. 부하 직원의 잘못으로 인해 위로부터 질책을 받았더라도 먼저 화부터 삭여라. 잘못된 점을 지적하기에 앞서 잘된 점부터 언급하라. 마음을 열면 잘못된 것을 지적해도 받아들이게 될 것이다.

직원들이 말할 때 좋은 얘기라고 격려를 하라. 그러면 신이 나서 자신의 이야기를 할 것이다. 그리고 그런 분위기를 만들어주는 데 대해 감사할 것이다.

수석침류 : 돌로 양치질하고 흐르는 물을 베개 삼다.

| 漱 | 石 | 枕 | 流 |
|---|---|---|---|
| 양치질할 수 | 돌 석 | 배개 침 | 흐를 류 |
| 漱 | 石 | 枕 | 流 |
| 漱 | 石 | 枕 | 流 |
|  |  |  |  |
|  |  |  |  |
|  |  |  |  |

## 사과하는 데에도 예의가 있다

가시나무를 지고 가서 벌을 청하다.
조나라의 대장군 염파와 재상 인상여의 고사에서 비롯된 말.
이왕 사과를 하기로 했다면 뒤끝 없이 화끈하게 진정성 있게 하라.
마음 한 구석에 일말의 억울함이나 자존심이라도
남겨둔다면 사과를 했다 해도 나아진 것이 없다.
잘못을 인정하는 것은 부끄러운 일이 아니라 누구보다 용감한 일이다.

 

1970년 12월 7일 폴란드의 수도 바르샤바에는 한겨울의 차가운 비가 추적추적 내리고 있었다. 서독 총리인 빌리 브란트는 수행원과 함께 바르샤바의 국립묘지를 찾았다. 그곳은 나치에 의해 희생된 40여 만 명의 전쟁 피해자를 추모하는 묘역이었다. 브란트 총리는 무거운 표정으로 헌화를 마친 뒤 몇 발짝 뒤로 물러선 뒤 오래도록 고개 숙여 묵념을 했다. 그러고는 차갑게 젖은 콘크리트 바닥에 무릎을 꿇었다.

현장에 모여 있던 사진 기자들은 연신 셔터를 눌러댔다. 이 사진이 전 세계로 타전됐다. 이 장면을 접한 폴란드와 유럽인들은 진심 어린 브란트 총리의 사과와 참회를 받아들였다. 이를 계기로 국제 사회는 전범국가로 인식되어 온 독일에 대해 조금씩 마음을 열었 다. 세계 언론은 빌리 브란트의 사죄에 대해 "무릎을 꿇은 것은 한 사람이었지만, 일어선 것은 독일 전체였다"라고 평했다.

이 사건은 리더가 왜 책임지고 나서서 사과를 해야 하는지에 대 한 역사적인 교훈이 되었다. 누구나 잘못을 저지를 수 있다. 문제는 잘못에 대한 반성과 사과를 하지 않는 데 있다. 참회와 사과는 용서 와 지지를 받을 수 있지만, 회피와 변명은 비난과 책임을 면하기 어 렵다.

중국 전국시대 조나라의 혜문왕 때 염파라는 대장군이 있었다. 염파는 외교술이 능한 인상여가 승승장구하자 시샘이 나서 인상여 를 깎아내리며 언젠가는 망신을 주겠다고 벼르고 있었다. 이에 인 상여는 염파를 슬슬 피해 다녔다. 자신과 염파가 둘 다 건재해야만 조나라가 외침을 막을 수 있다고 보았기 때문에 염파와의 싸움을 피한 것이다. 인상여의 깊은 생각을 알게 된 염파는 잘못을 깨닫게 됐다. 그는 웃통을 벗고 가시나무를 등에 진 채 인상여를 찾아가서 사죄하고 벌을 청했다. 여기서 부형청죄(負荊請罪)라는 말이 유래 했다. 가시나무를 등에 지고 때려 달라며 사죄를 청한다는 뜻이다.

사과할 일이 생기면 즉각 사과하라. 가급적 변명을 하지 말되, 반 드시 필요한 상황이면 간단히 설명만 해라. 민감한 분위기에서는 자세하게 설명하는 것이 오히려 변명으로 받아들여질 수 있다. 무엇보다 사과하는 태도가 중요하다. 사람은 미안하다는 말을 듣기를 원하는 것이 아니라 진정성을 원한다. 미안하다고 말은 하면서 전혀 미안한 투가 아니면 사과를 받는 측은 인정하지 못한다.

'미안하다'라는 말보다 '잘못했다'라는 말이 더 설득력이 있다. 사과는 본인의 잘못을 겸허하게 인정하는 것에서부터 출발해야 한다. 사과하는 사람이 패자가 아니라 사과를 제대로 못하는 사람이 패자가 된다. 그래서 사과는 받는 사람이 미안할 정도로 세게 하는 게 좋다.

아랫사람이 윗사람에게 사과하는 것은 흔하지만 윗사람은 아랫사람에게 제대로 사과하지 않으려 한다. 이는 잘못된 것이다. 사과는 상하의 개념이 아니다. 윗사람이 자신의 실수에 대해 즉각 사과할 때 신뢰를 얻을 수 있고 리더십은 더욱 공고해지는 것이다.

이런 사실을 잘 알면서도 애매한 자존심만 내세우는 사람은 리더가 될 자격이 없다. 그런 사람이 높은 자리에 있다면 잘못된 인사다. 정치인이라면 그런 선택을 한 국민들의 잘못이다. 이구동성으로 손가락을 잘라야 한다며 자탄할 일이다.


사람들은 완벽한 사람보다 약간 빈틈이 있는 사람에게 매력을 느낀다. 『황금사과(The Golden Apple)』를 저술한 캐시 애론슨은 이를 '실수 효과'라고 한다. 웃음 치료의 대가인 노먼 커즌즈 역시 "인간에게 완벽을 바라는 것은 인간이기를 포기하라는 것과 같다.

실수란 불가피한 것이다. 그러니 솔직하게 인정한 뒤 밤에 발을 뻗고 편히 자는 편이 낫다. 때로 실수하고 그것을 인정하는 불완전한 존재여서 좋은 점이 또 있다. 남들이 나의 불완전함을 알면 기뻐한다는 사실이다"라고 말했다.

실수에 대한 변명이나 핑계는 상대를 더욱 화나게 만든다. 상황을 나쁘게 만든 주체인 자신을 미꾸라지처럼 빼돌리려고 하는 행위이기 때문이다. 변명과 핑계는 실수의 상처를 더 키우는 독이 될 수밖에 없다.

쓸데없는 자존심을 버릴 때 남의 지적이 제대로 들리고 잘못의 주체가 누구인지 정확하게 판단할 수 있게 된다. 나에게 반대하고 잘못을 지적하는 사람은 나에게 이로운 사람이다. 나의 편에 서 있으면 나를 가르치는 스승이고, 반대편에 선 사람이라면 적이다. 스승이나 적은 모두 나를 강하게 만든다. 생태계에서도 천적을 잃은 생물은 자멸하게 된다.

비평 없는 성공은 존재할 수 없다. 큰일을 하고 싶다면 비평을 겸허히 받아들일 줄 알아야 한다. 당나라의 시인 백거이도 '잘못을 지적 받으면 덕을 수양할 수 있다'고 했다. 사과는 내 잘못으로 인해 함께 닫힌 마음을 열 수 있는 열쇠이다.

부형청죄 : 가시나무를 지고 가서 벌을 청하다.

| 負 | 荊 | 請 | 罪 |
|---|---|---|---|
| 질 부 | 가시나무 형 | 청할 청 | 허물 죄 |
| 負 | 荊 | 請 | 罪 |
| 負 | 荊 | 請 | 罪 |
|  |  |  |  |
|  |  |  |  |
|  |  |  |  |

竭澤而漁

갈 택 이 어

## 내일을 위해 오늘 무엇을 지켜야 할까

연못물을 모두 퍼내서 물고기를 잡는다.
진나라 문공과 이옹의 고사에서 유래된 말.
연못물을 모두 퍼내면 지금은 모든 물고기를 잡을 수 있지만,
결국 나중에는 잡을 고기가 없게 된다.
성급하게 다가가지 말고 먼 미래를 내다보라.
미래를 위해 반드시 지켜야 할 것들이 분명 있다.

사람은 누구나 곤경에 처하면 무슨 수를 써서라도 벗어나려고 발
버둥 친다. 그러나 자신의 책임을 회피하려고 앞뒤가 맞지 않는 거
짓말을 하게 되면 거짓말이 계속 눈덩이처럼 불어나 나중에는 감
당할 수 없는 지경에 이르게 된다. 잘못에 대해서는 용서를 구할 수
있지만 잘못을 덮기 위해 하는 거짓말은 용서받을 수 없다.

'워터게이트 사건'을 반추해 볼 필요가 있다. 리처드 닉슨은 월
남에서의 평화협상 진전, 중국과의 국교 수립이라는 외교적 성과를
거두었지만 미국 내에서는 별로 인기가 없는 대통령이었다. 1972

년 미국 대통령 선거에 대중적 인기를 누리고 있던 조지 맥거번이 민주당 대통령 후보로 나서자 닉슨은 불안했다. 그의 재선을 확신하지 못한 백악관 참모들은 비열한 음모를 하나 꾸몄다. 워싱턴 시내 워터게이트 호텔에 자리한 민주당 선거운동본부에 도청 장치를 가설한 것이다. 그러나 우연한 일로 이 도청 장비가 발각되고 범인들이 체포되면서 사태가 심각해졌다.

닉슨은 도청 사건과 백악관의 관계를 부인했고, 그해 치러진 선거에서 예상 외로 무난히 재선에 성공했다. 하지만 재판 과정에서 닉슨이 이 사건의 배후에 있었다는 것이 밝혀졌다. 결국 의회의 탄핵에 직면한 닉슨은 대통령직을 사임할 수밖에 없었다.

위기에 처했을 때 진실을 감추려고 하는 것은 어찌 보면 인지상정일 수 있다. 하지만 드러난 사실에 대해 거짓말이나 속임수로 일단 위기를 모면해 보자는 것은 후에 더 큰 화를 불러올 수 있다. 호미로 막을 것을 가래로 막는 우를 범할 수 있다. 과거 허물에 대해서는 솔직하게 시인하고 사과하는 것이 올바른 태도이다. 모토롤라의 창업자인 폴 갤빈은 "사람에게 진실을 말하라. 그 이유는 첫째, 그렇게 하는 것이 옳은 일이기 때문이고 둘째, 언젠가는 진실을 알게 되기 때문이다"라고 했다.


춘추시대 진나라의 문공이 성복이라는 곳에서 초나라와 일대 접전을 벌이게 됐다. 초나라는 군사의 수도 훨씬 많았지만 훈련도 잘돼 있어 병력 또한 막강했다. 승리할 방법을 찾기가 어려웠던 문공은 고심 끝에 호언에게 방법을 물었다. 호언이 답했다.

"예절을 중시하는 자는 번거로움을 두려워하지 않고, 싸움에 능한 자는 속임수를 쓰는 것을 싫어하지 않는다고 들었습니다. 속임수를 한 번 써 보십시오."

호언이 이렇게 대답하자 문공은 이옹에게 생각을 물었다. 이옹은 호언의 속임수 작전에 동의하지 않았다.

"못의 물을 모두 퍼내어 물고기를 잡으면 잡지 못할 리 없지만 훗날에는 잡을 물고기가 없게 될 것입니다. 산의 나무를 모두 불태워서 짐승들을 잡으려면 잡지 못할 리 없지만 뒷날에는 잡을 짐승이 없을 것입니다. 지금 속임수를 써서 위기를 모면한다 해도 영원한 해결책이 아닌 이상 임시방편일 뿐입니다."

연못의 물을 모두 퍼내 고기를 잡는다는 뜻의 갈택이어(竭澤而漁)라는 말이 여기서 유래했다. 『여씨춘추(呂氏春秋)』「효행람(孝行覽)」에 나오는 이야기다. 문공은 이옹의 말을 받아들여 속임수를 쓰지 않고, 젊은 시절 초나라로 망명했을 때 초나라 성왕에게 약속했던 대로 3일 여정인 90리 뒤로 물러났다. 그 후에 초나라 장수 자옥의 교만한 성격을 이용해 적을 유인하고 대승을 거두었다.

이를 통해 문공은 제후국들에게 은혜를 저버리는 짓 따위는 하지 않는다는 것을 보여줬을 뿐 아니라, 진나라는 어쩔 수 없이 싸우는 것이며 초나라는 졸렬하게 억지를 부린다는 인상을 심어줌으로써 제후국의 지지를 받을 수 있었다.

당장의 이익을 위해 잃지 말아야 할 가치를 상실하면 안 된다. 투자의 귀재인 워런 버핏은 자신이 투자한 회사의 경영자들에게 이런 메시지를 전달한다.

"여러분은 돈을 잃어도 상관없습니다. 많은 돈이어도 괜찮습니다. 하지만 평판을 잃지 마십시오. 인격을 잃지는 마십시오. 우리에겐 돈을 잃을 여유는 충분히 있으나, 평판을 잃을 여유는 조금도 없습니다."

갈택이어 : 연못물을 모두 퍼내서 물고기를 잡는다.

| 竭 | 澤 | 而 | 漁 |
|---|---|---|---|
| 다할 갈 | 못 택 | 말이을 이 | 고기잡을 어 |
| 竭 | 澤 | 而 | 漁 |
| 竭 | 澤 | 而 | 漁 |
| | | | |
| | | | |
| | | | |

## 그래도 돈보다 사람에 투자하라

진기한 재물은 사 두는 것이 옳다.
위나라의 거상이자 진시황의 생부였던 여불위의 말이다.
거상들이 말하는 진기한 재물 중 으뜸은 역시 사람이다.
오랜 기간 투자하고 믿어 줄수록 더 큰 이익으로 돌아온다.
소모품처럼 쓰고 버리지 말고 사람에게 투자하라.
그 어떤 투자처보다 가치 있을 것이다.

기화가거(奇貨可居)라는 말이 있다. 진기한 물건은 사 둘만 한 가치가 있다는 뜻이다. 훗날 큰 이익으로 돌아올 물건이라면 누구나 갖고 싶어 한다. 하지만 재화가 아닌 사람에 투자하는 안목을 지닌 사람은 흔치 않다. 기화가거는 전국시대 말 위나라의 거상(巨商) 여불위로부터 유래했다. 여불위가 어느 날 아버지에게 이렇게 질문을 했다.

"농사를 지으면 그 이익이 얼마나 됩니까?"

"한 열 배 될 게다."

"그럼 장사를 하면 얼마나 됩니까?"

"백 배는 되겠지."

"그렇다면 임금을 사 두면 그 이익이 얼마나 될까요?"

"그거야 계산할 수도 없을 것이다."

"저는 작은 장사꾼이 아니라 큰 장사꾼이 되겠습니다. 큰 장사꾼으로 만들어 줄 가치 있는 물건이라면 전 재산을 바쳐서라도 사 두어야 할 것입니다. 저는 그런 물건을 사 두겠습니다."

여불위는 장사를 위해 조나라의 수도 한단에 머물다가 우연히 진나라 소양왕의 손자인 이인이 볼모로 잡혀와 있는 것을 알게 됐다. 이인의 아버지 안국군에게는 아들 20여 명 있었으나 모두 첩의 아들이다. 정실인 화양부인은 총애를 받았지만 아들이 없었다. 이인의 생모는 안국군의 총애를 받지 못했기 때문에 입지가 약한 이인이 조나라에 볼모로 와 있었던 것이었다. 심지어 진나라는 이인의 안위 따위는 염두에 두지 않고 조나라를 자주 공격했다. 그러다 보니 조나라 역시 이인을 전혀 예우하지 않았고, 이인의 생활은 상상조차 할 수 없을 만큼 초라했다. 그러나 여불위는 그가 범상치 않은 인물임을 알아차렸다. 여불위는 그를 두고 '기화가거'라고 외쳤다.

여불위는 이인에게 은밀한 제안을 한다. 만약 이인이 화양부인의 양자로 들어갈 수 있다면 20명이나 되는 첩의 아들 사이에서 단숨에 입지를 굳히게 될 것이다. 이에 여불위는 이인이 진나라로 귀국해 화양부인의 양자가 되도록 도와주겠다고 한다. 이인은 머리를 숙이며 "당신의 계책대로 된다면 진나라를 그대와 함께 나누어 갖겠소"라고 다짐했다. 그리고 여불위는 자신의 아이를 임신한 첩을 이인에게 보내 훗날을 기약했다.

여불위는 이인이 쓴 편지와 자신이 준비한 귀한 보물들을 가지고 화양부인을 찾았다. 이인이 화양부인에 대한 효심이 지극하다며 귀국을 설득시켰고, 결국 이인은 고국으로 돌아가 마침내 화양부인의 양자가 됐다. 태자 안국군은 이인의 이름을 자초라 바꿔주었다.

여불위는 전 재산을 털어 자초를 후원했고, 소양왕과 안국군인 효문왕이 서거한 후 결국 자초가 왕위를 계승하여 장양왕이 되었다. 여불위 역시 진나라의 상국(相國)이 되어 막강한 권세를 누렸다. 그리고 자초가 불과 3년 만에 죽자 아들 영정이 대를 이었다. 그가 39세에 천하를 통일하고 중국 최초의 황제가 된 진시황으로, 사실은 여불위의 아들이었다.

오늘날 기업을 경영하는 사람도 여불위처럼 사람에 투자를 해야 한다. 인재 경영을 강조한 삼성의 창업주 이병철 회장은 "기업은 사람이 하는 것이고 사람은 기업을 움직인다. 기업의 성패를 좌우하는 것은 사람이다"라고 말했다. GE의 최고경영자였던 잭 웰치는 자기 시간의 75퍼센트를 핵심 인재를 찾고 채용하고 평가하고 보상하는 데 썼다고 회고했다.

일본에서 '경영의 신'으로 추앙받는 마쓰시타 고노스케는 경영을 단순한 돈벌이가 아니라 사람들의 행복에 기여하는 가치 있는 종합예술로 여겼다. 그는 "경영의 핵심에 존재하는 경영자 자신도 사람이고, 종업원도 사람이며, 고객이나 모든 거래처도 사람이다. 경영은 사람들이 서로 어울려 서로의 행복을 위해 하는 활동이라고 말할 수 있다"고 했다.

귀중한 사람을 얻기 위해서는 재물을 아깝게 여겨서는 안 된다. 기업을 경영한다는 것은 결국 인재를 관리하는 것이다. 당장의 이익에 급급해서 인재 육성에 소홀하면 회사는 지속 성장을 하기가 어렵다.

기화가거 : 진기한 재물은 사두는 것이 옳다.

| 奇 | 貨 | 可 | 居 |
|---|---|---|---|
| 기특할 기 | 재물 화 | 옳을 가 | 살 거 |
| 奇 | 貨 | 可 | 居 |
| 奇 | 貨 | 可 | 居 |
| | | | |
| | | | |
| | | | |

# 結草報恩

## 결 초 보 은

## 세상에 공짜 점심은 없다

풀을 엮어 은혜를 갚다.
춘추시대 장군 위과의 고사에서 유래된 말.
상대가 호의를 베풀었다면 그가 돌려받기를
원하느냐 아니냐에 상관없이 먼저 보답하라.
그러면 상대도 다시 보답하려 할 것이고,
이것이 반복되면 돈독한 인연이 된다.
호의를 당연한 것으로 여기지 마라. 관계는 주고받는 것이다.

살아가다 보면 은혜는 쉽게 망각하고 원한은 오래 기억할 것 같지만 사실은 그렇지 않다. 원한에 대한 감정은 시간이 흐를수록 서서히 약해진다. 금방 원수를 갚아야 하겠다는 분이 끓어오르다가도 마음이 진정되면 '그래, 오죽했으면 그랬을까' 하는 용서의 마음도 생긴다. 하지만 은혜는 쉽게 잊어지지 않는다.

중국 춘추시대에 진나라의 위무자는 병이 들자 아들 위과를 불러 자기가 죽으면 후처였던 위과의 서모(庶母)를 개가시키라고 했다. 그런데 위무자는 막상 죽기 직전에 말을 바꾸어 서모를 자기 무덤에 함께 묻어달라고 유언했다. 위과는 고민 끝에 아버지의 유언을 어기고 서모를 다른 남자에게 시집보냈다. 그 뒤 위과가 전쟁터에서 진나라 장수인 두회와 싸우게 됐는데 위기의 순간 두회가 탄 말이 얽혀 있는 풀에 걸려 넘어지면서 위과는 두회를 사로잡는 공을 세웠다. 그날 밤 위과의 꿈에 서모의 아버지가 나타나 딸을 지켜준 고마움에 보답하려고 자신이 풀을 엮었노라고 말했다. 여기서 결초보은(結草報恩)이라는 말이 유래했다.

경영자는 주는 사람이지 뺏는 사람이 아니다. 가장 위대한 경영자는 가장 많이 주는 사람이다. 경영자가 주는 것을 습관화 하고 더 많이 주려고 고민할 때 기업은 더 크게 성장한다. 어떤 이가 철강왕 앤드루 카네기에게 성공의 비결이 무엇이냐고 물었다. 그의 대답은 이랬다.

"상대방의 바구니부터 철철 넘치도록 가득 채우시오. 그러고 나면 돈을 버는 것은 식은 죽 먹기라오"라고 말했다.

일본 교세라의 이나모리 가즈오 회장 역시 "훌륭한 비즈니스를 하는 사람은 상대방에게 이익이 돌아가게 하는 사람이다. 상대에게 먼저 이익을 주면 결국 그 이익이 한 바퀴 돌아 나에게 기회라는 모습을 하고 찾아온다. 더 나아가서는 나 자신의 이익이 창출된다"라고 말했다. 일본의 갑부인 사이토 히토리는 『부자의 운』에서 "보험처럼 성공을 위해서도 미리 뭔가를 지불해야 한다. 처음부터 다른 사람에게 먼저 이익을 안겨 주어야 한다. 대가를 바라지 않고 도

움을 주는 것이다. 그러면 나중에 반드시 보상을 받게 돼 있다"라고
했다.

세상에 공짜 점심은 없다. 점심 대접을 받으면 점심값을 하는 것
이 도리이다. 다른 사람의 도움을 받았으면 잊지 않고 사례하려고
노력하는 것이 인지상정이다. 대가를 바라지 않고 먼저 주는 용기
있는 사람이 결초보은으로 되돌아오는 부자의 운을 부를 수 있다.

결초보은 : 풀을 엮어 은혜를 갚다.

| 結 | 草 | 報 | 恩 |
|---|---|---|---|
| 맺을 결 | 풀 초 | 갚을 보 | 은혜 은 |
| 結 | 草 | 報 | 恩 |
| 結 | 草 | 報 | 恩 |
| | | | |
| | | | |
| | | | |

久 而 敬 之

구 이 경 지

## 당신에게는 존경할 만한 친구가 있는가

오랜 친구이지만 공경한다.
공자가 제나라의 재상 안영을 높이 평가했던 말.
가까운 사람에게 예를 갖추고 처음처럼 한결같이 공경하기란 쉬운 일이 아니다.
가까운 사람에게 실수를 저지르고 관계가 틀어지는 것도 그 때문이다.
가까운 이들에게 고마워할 줄 안다면
주위에는 자연스럽게 사람이 늘어날 것이다.


살면서 친구 문제로 고민을 안 해본 사람은 거의 없을 것이다. 친구에 대해 실망하기도 하고 섭섭한 감정을 가지기도 한다. 친구가 나에 대해 어떻게 생각할까 고민하기도 한다. 보고 싶은 마음이 간절하다가도 때론 성가신 마음을 달래야 할 때도 있다. 멀리서 예고도 없이 친구가 갑자기 찾아오면 어떨까? 무조건 기쁘고 반가운 것일까? 어느 정도 가까운 사람을 친구라고 할 수 있는 것인가? 선인들도 이 같은 물음에 답을 찾기 위해 많은 고민을 했다.

제나라에는 안영이라는 명재상이 있었다. 특히 경공이 무기력과 자포자기에 빠져서 제후 노릇을 제대로 하지 못할 때 안영은 제나라를 지키는 등불과 같은 존재였다. 어느 날 천하를 주유하던 공자가 낡은 수레를 타고 제나라에 이르렀다. 제나라 경공이 공자에게 정치를 묻자 공자는 "재력을 아껴야 한다"라고 답했다. 경공은 공자의 말을 듣고 흡족해서 공자에게 땅을 떼어 주고 중용하려고 했다. 이때 안영이 나서 "유학자는 말재간이 있어 법으로 규제할 수 없다"라며 반대했다. 이 일화를 『공자성적도(孔子聖蹟圖)』에서는 「안영저봉(晏嬰沮封)」으로 그렸다. 안영이 공자의 등용을 막았다는 이야기다.

이러한 악연에도 불구하고 공자는 안영을 높이 평가했다. 공자는 "제나라 안평중(안영)은 주위 사람들과 참 잘 사귀었다. 사람과 오래 사귀어도 늘 존경하는 마음을 잃지 않았다"라고 말했다. 사람을 사귄 지 오래 돼도 공경으로 대한다는 뜻의 구이경지(久而敬之)라는 사자성어는 여기서 출발한다.


공자는 교우에 관심이 많았다. 그가 강조한 인(仁)도 결국 올바른 인간관계를 바탕으로 구현할 수 있다고 보았다. 공자는 친구가 멀리서 찾아왔을 때의 기쁨을 가져 보라고 『논어』를 통해 강조했다. 애타게 기다리던 연인을 만난 것처럼 기뻐할 수 있는 친구를 가졌다면 성공한 인생이라고 할 수 있다.

공자는 또 이로운 친구와 해로운 친구를 가려서 사귀라고 했다. 정직하고 진실한 사람, 의리 있고 신뢰할 만한 사람, 식견이 많은 사람을 사귀도록 주문했다. 성격이 편벽한 사람, 비위만 맞추려는 사람, 말만 번지르르한 사람은 피하라고 했다.

유유상종(類類相從)이라고 한다. 사람은 끼리끼리 노는 경향이 있다. 인생관이 같고 성격이 비슷한 사람은 곧 가까운 친구가 된다. 친구는 상호작용을 하는 관계이다. 어느 한 쪽이 일방적으로 영향을 미치는 관계가 아니다. 내가 이로운 벗을 가려서 사귀어야 하듯이 상대방도 이로운 벗을 찾기 마련이다. 스스로 이로운 벗이 되려고 노력해야 하는 것이다.

공자의 제자인 자공이 공자에게 친구 사귀는 법을 물었다. 공자는 "친구가 잘 되도록 충고를 해줘야 한다. 하지만 친구가 받아들이지 않으면 그만두어야 한다. 스스로 모욕을 당하지 않도록 주의를 기울여야 한다"라고 일러주었다. '듣기 좋은 노래 소리도 한두 번'이라는 말처럼 선의의 충고가 잔소리가 되면 안 된다. 친구가 잘 되게 하려고 좋은 말을 하지만 상대는 생각이 다를 수 있다. 그것을 인정하지 않고 계속 되풀이하다 보면 서로 다투게 된다. 이로 인해 오래 쌓아온 우정에 금이 갈 수도 있다. 공자는 이를 경계하라고 했다.

살기가 갈수록 팍팍해지고 있다. 학교에 들어가면서부터 끊임없이 성적 경쟁에 시달려야 한다. 졸업을 하고 어려운 경쟁을 뚫고 취직을 해도 여전히 경쟁은 끝나지 않는다. 주변이 온통 경쟁으로 둘러싸인 것 같다. 이런 판국에 어떻게 친구를 사귀고 마음을 터놓고 지낼 수 있을지 의문이 든다. 주변의 사람들이 모두 경쟁자로 보이고 친구를 사귀는 것이 사치로 보일 수도 있다. 안영이나 공자가 말하는 '교우'는 이상론에 불과하다고 치부하기 쉽다.

하지만 삶이 어렵고 메말라 갈수록 서로 돕고 존중하는 친구가 필요하다. 친구를 사귀는 것은 낭비도 사치도 아니다. 혼자서는 궁극적인 삶의 경쟁에서 성공할 수 없다. 언제나 처음처럼 존경할 수 있는 친구를 사귀어라. 친구를 존경하면서 친구도 나를 존경하도록 노력하다 보면 진정한 '교우락(交友樂)'을 경험할 것이다.

## 구이경지 : 오랜 친구이지만 공경한다.

| 久 | 而 | 敬 | 之 |
|---|---|---|---|
| 오랠 구 | 말이을 이 | 공경할 경 | 갈 지 |
| 久 | 而 | 敬 | 之 |
| 久 | 而 | 敬 | 之 |
|  |  |  |  |
|  |  |  |  |
|  |  |  |  |

## 때론 리더에게도 위로가 필요하다

비단옷을 입고 밤에 돌아다니다.
초패왕 항우의 고사에서 유래했다.
사람은 누구나 자신의 성공을 자랑하고 싶은 욕구가 있다.
아무도 알아주지 않을까 걱정하는 리더의 조바심을 인정하고,
적당히 분위기를 맞춰라.
리더에게도 때로는 위로가 필요하다.

초나라 항우는 홍문연에서 유방을 죽이려 했지만 유방은 참모들의 계략에 힘입어 항우의 칼을 피해 도망쳤다. 며칠 후 항우는 의기양양하게 진나라의 도읍인 함양에 입성했다. 항우는 아방궁에 불을 지르고 진시황의 손자이자 부소의 아들인 자영을 끌어내 죽였으며, 시황제의 무덤까지 파헤치는 등 잔인한 행동을 일삼았다. 창고에 쌓인 금은보화를 모두 차지하고 주색에 빠졌다. 충신이었던 범증은 항우의 타락해 가는 모습을 보다 못해 올바른 제왕의 길로 들어서길 극구 간했지만 항우는 듣지 않고 막무가내였다. 항우는 재물과

미녀들을 손에 넣어 고향으로 돌아가려 했다. 그러자 한생이 나서서 간언했다.

"관중(關中)을 차지해야 천하를 도모할 수 있습니다. 이곳 함양은 사방이 산과 강으로 둘러싸여 있고 땅도 비옥하니, 이곳을 도읍으로 정하시어 천하를 호령하소서."

그러나 항우는 한시라도 빨리 고향으로 돌아가 자신을 뽐내고 싶었다.

"부귀를 차지하고도 고향에 돌아가지 않는다면 마치 비단옷을 입고 밤길을 가는 것과 같으니 누가 알아 줄 사람이 있겠는가?"

이 말을 들은 한생은 항우 앞을 물러나 푸념을 했다.

"세상 사람이 초나라 사람은 원숭이를 목욕시킨 후 갓을 씌운 것과 같다고 하더니 과연 그렇구나."

항우는 한생의 푸념을 전해 듣고 한생을 삶아 죽여 버렸다. 훗날 유방이 항우 대신 함양을 차지하고 천하를 손에 넣었다. 『사기』의 「항우본기(項羽本紀)」에 나오는 이야기다. 부귀를 갖추고도 고향에 돌아가지 않는 것은 비단옷을 입고 밤길을 가는 것과 같다고 한 항우의 말에서 금의야행(錦衣夜行)이라는 고사성어가 유래했다.

현실에서 마주 대하는 자수성가한 오너들은 항우와 같이 자신을 과시하려는 사람이 많다. 이들은 자신의 과시욕에 물을 퍼붓는 사람보다 불을 지펴주는 사람을 좋아한다.

회사를 인수해 새로 취임한 회장은 기존 경영인 가운데에서 누구를 선택할까? 일을 잘하는 사람일까, 기분을 잘 맞춰 주는 사람일까? 당연히 일을 잘하는 사람이 선호되는 것이 맞지만, 현실에서는 기분을 잘 맞춰 주는 사람이 선택되는 경우가 많다. 일은 잘하는데 말수가 적은 사람과 일을 잘하면서 잘 따지는 사람 중에서는 잘 따지는 사람이 탈락하기 쉽다. 그 회장 역시 사람에 대한 판단 능력을 키워야 한다는 생각을 늘 할 것이고, 아부보다는 충언을 귀담아 들어야 한다는 것도 알고 있을 것이다. 하지만 막상 인사를 하면 감정에 치우친다. 그래서 돈을 잘 버는 회장과 존경받는 경영인은 다를 수가 있다.

기업을 인수할 때 제품이나 회사의 브랜드가 탐이 나서 하는 경우도 있지만, 최근에는 사람이 탐나서 하는 경우도 많아졌다. 미국 실리콘밸리에서는 스타트업 기업을 중심으로 CEO(최고경영자)나 CTO(최고기술경영자) 등 핵심 인력을 채용하는 '에퀴하이어(Acqui-Hire) 방식'의 인수·합병이 새롭게 자리 잡고 있다.

한국은 아직도 회사가 인수당하면 기존의 경영진이 거의 다 물갈이 된다. 회장의 마음을 제대로 읽지 못하면 제일 먼저 회사를 그만둘 수밖에 없다. 항우처럼 자신의 성공이 금의야행으로 끝나지 않을까 조바심을 갖는 회장의 마음을 읽고 대처를 해야 한다.

항우 같은 회장을 모시고 있다면 한생처럼 행동하기보다 현실을 인정하는 편이 나을 수 있다. 어느 누구도 자기 살 길을 찾는 직원의 행동에는 돌을 던질 수 없다.

금의야행 : 비단옷을 입고 밤에 돌아다니다.

| 錦 | 衣 | 夜 | 行 |
|---|---|---|---|
| 비단 금 | 옷 의 | 밤 야 | 다닐 행 |
| 錦 | 衣 | 夜 | 行 |
| 錦 | 衣 | 夜 | 行 |
| | | | |
| | | | |
| | | | |

## 경쟁자가 나를 도발할 때

목을 내놓을 정도의 우정.
우정은 내 편하고만 맺는 것이 아니라, 경쟁자와도 맺을 수 있다.
상대보다 우위에 있고 싶다면 깎아내리려 하지 말고 나를 높여라.
그것이 아름다운 경쟁이다. 우정을 나눌 수 없다면
그것은 경쟁이 아니라 싸움일 뿐이다.

　　전국시대 조나라에는 염파와 인상여라는 두 영웅이 있었다. 염파
는 용맹이 뛰어난 장수였고, 인상여는 꾀가 많고 외교술에 능한 문
신이었다. 어느 날 조나라 혜문왕과 진나라 소양왕은 하남성의 민
지라는 곳에서 회동을 하게 됐는데, 인상여는 혜문왕의 수행원이
되어 따라가게 되었다. 술자리가 무르익었을 때 소양왕이 혜문왕에
게 말했다.

　　"전부터 조왕께서는 음악을 좋아한다는 말을 들었는데 어디 한
번 슬이라도 연주해 주시기 바라오."

마지못해 혜문왕이 슬을 연주하자 진나라 기록관이 앞으로 나와 '모년 모월 모일에 진나라 왕은 조나라 왕과 회담하고 슬을 연주하게 하였다'라고 기록했다. 소양왕은 혜문왕에게 망신을 주려고 일부러 시비를 건 것이다. 지켜보던 인상여가 소양왕 앞으로 나아가 예를 갖추고 청했다.

"진나라 왕께서는 진나라 음악을 잘하신다는 소문을 들었습니다. 마침 좋은 기회이니 분부(악기)로 반주하시면서 옥음을 들려주시면 같이 즐기겠습니다."

소양왕은 일언지하에 거절했다. 부복을 하고 있던 인상여는 소양왕 앞으로 바짝 다가가 무릎을 꿇고 후 다시 청했지만 역시 꿈쩍도 하지 않았다. 그러자 인상여는 "대왕과 저는 가까운 거리에 있으니 만약 승낙하지 않으시면 목숨을 해칠 수 있습니다"라고 위협했다. 분위기는 험악해지고 호위군사들이 몰려들었지만, 인상여가 크게 꾸짖자 군사들은 한 발 물러섰다. 소양왕은 내키지 않았지만 분부를 한 번 때렸다. 그러자 인상여는 조나라 기록관을 불러 '모년 모월 모일에 진나라 왕이 조나라 왕을 위하여 분부를 쳤다'라고 기록하도록 했다.

진나라 신하들이 혜문왕을 압박하기 위해 일제히 나서서 "조왕께서는 우리 대왕의 장수를 축하하는 뜻에서 귀국의 고을 15개를 올리면 좋겠습니다"라고 말했다. 그러자 인상여는 "귀국이야말로 우리 대왕의 장수를 축하하는 의미에서 도읍인 함양을 올리는 것이 좋을 듯하오"라고 받아넘겼다. 술자리가 끝날 때까지 결국 진나라는 조나라를 굴복시키지 못했다. 혜문왕은 귀국 후 인상여의 공을 인정해서 상경에 임명했다.

문제는 염파였다. 인상여가 자신보다 높은 자리로 승진하자 그는 기분이 나빠졌다. 군인인 자신은 항상 목숨 걸고 싸우느라 고생인데 인상여는 한낱 말로써 공을 세우고 출세한다며, 염파는 언젠가 인상여를 욕보여 주겠다고 공공연히 떠벌렸다. 그러자 인상여는 염파와 부딪히지 않으려고 피해 다녔다. 수하들이 투덜거렸다.

"공은 염파 장군보다 지위도 높은데 무엇이 두려워 비겁하게 피해 다니십니까?"

"내가 어찌 염파 장군을 무서워하겠느냐? 우리나라가 진나라의 위협에서 버틸 수 있는 힘은 나의 외교술과 그의 용맹에서 나온다. 둘 중 하나가 제거되면 이 나라가 어떻게 되겠는가? 내가 싸움을 피하는 것은 국가의 위급함을 염려하기 때문이다."

이 말을 전해들은 염파는 자신의 언행이 부끄러워졌고, 웃옷을 벗은 채 가시나무를 한 짐 메고 인상여를 찾아가 깊이 사과하며 자신을 가시나무로 때려달라고 청했다. 당연히 인상여는 그를 말렸고, 이후 두 사람은 서로 목숨도 내놓는 문경지교(刎頸之交)를 맺었다. 만약 인상여가 염파의 도발에 감정적으로 대응했다면 그의 말대로 두 사람은 어려움에 처했을 것이고, 조나라는 진나라에 먹히는 신세가 됐을지도 모른다.

기업의 세계에서는 수많은 염파들이 존재한다. 이들의 도발을 슬기롭게 극복하는 지혜가 필요하다. 목숨마저 내놓는 우정을 뜻하는 문경지교를 깊이 음미하다 보면 인상여의 현명한 처신을 생각하게 된다.

　삼성의 창업주 이병철 회장은 숱한 외부 공격에 대해 대처하는 방식으로 후계자인 이건희 회장에게 '목계(木鷄)'의 가르침을 전했다고 한다. 목계는 『장자』「달생(達生)」편의 투계(싸움닭) 이야기다. 닭싸움을 좋아하던 주나라 선왕은 기성자라는 당대 최고의 훈련사에게 최고의 투계를 길러내라는 명을 내렸다. 열흘 후에 결과를 물으니 기성자는 "강하긴 하나 아직 교만합니다"라고 보고했다. 20일 후에는 "교만함은 버렸으나 상대방의 소리와 그림자에 쉽게 반응합니다"라고 보고했다. 30일 후에는 "조급함은 버렸으나 눈초리가 너무 공격적이라 감정이 다 드러납니다"라며 아직 준비가 덜 됐다고 보고했다. 다시 열흘이 지난 뒤 기성자는 마침내 투계를 왕에게 바치며 말했다.

　"이제 멀리서 보면 나무로 깎은 닭처럼 덕이 있고 초연해 보입니다. 다른 닭들은 보기만 해도 달아날 것입니다."

　목계는 자신의 힘을 뽐내지 말고 아무리 약한 적이라고 해도 함부로 대하지 않으며 상대가 싸움을 걸어와도 초연한 마음으로 평상심을 유지하라는 의미를 담고 있다. 기업인으로서 파란만장한 시대를 겪었던 이병철 회장은 그 누구보다도 목계의 가치를 잘 알고 있었다. 위기 때마다 일일이 맞대응 하지 않았기 때문에 삼성을 지켜낼 수 있었다.

문경지교 : 목을 내놓을 정도의 우정.

| 刎 | 頸 | 之 | 交 |
|---|---|---|---|
| 목벨 문 | 목 경 | 갈 지 | 사귈 교 |
| 刎 | 頸 | 之 | 交 |
| 刎 | 頸 | 之 | 交 |
| | | | |
| | | | |
| | | | |

羽 翼 已 成

우 익 이 성

## 네트워크는 그냥 만들어지지 않는다

자신의 편(우익)을 이미 만들어 놓다.
한고조 유방의 태자 유영의 일화에서 유래된 말.
훌륭한 사람들이 주위에서 도와주는 것만큼 든든한 것은 없다.
그들이 당신의 편에 설 수 있도록 성심을 다해 섬겨라.
사람으로 쌓은 성은 쉽게 무너지지 않는다.

직장 생활을 하다 보면 언제 승진의 기회가 생길지 모른다. "○○ ○를 이번에 과장으로 진급시켜야 하는 것 아니야?"라고 했을 때 주위에서 어떤 반응이 나오느냐에 따라 그 사람의 인생이 달라질 수 있다. "맞아, 그 친구 일 참 잘해. 당연히 승진해야지"라고 맞장구를 쳐주는 경우와 "벌써? 아직 멀었어. 좀 더 일을 배워야지"라고 태클을 거는 경우가 있으니 말이다.

일을 잘한다고 평가하는 것과 못한다고 평가하는 것의 차이는 자세에 달렸다. 같은 결과라도 긍정적으로 열심히 하는 모습을 보여

주고 얻은 것과 마지못해 억지로 하는 모습을 보여주고 얻은 것은 평가가 달라진다. 사람들이 바라보는 눈은 객관적일 수 없다. 그러니 나에 대해 우호적인 눈을 갖도록 지지기반을 넓혀 두어야 한다.

한나라 고조 유방은 조강지처인 여후가 낳은 아들 유영을 태자로 삼았지만 척부인과 사랑에 빠지면서 생각이 달라졌다. 척부인의 아들인 조왕 유여의를 태자로 삼으려 했다. 신하들이 모두 나서서 말렸지만 한고조는 고집을 부렸다. 여후는 다급해져서 지략이 뛰어난 장량에게 도움을 청했다. 장량은 여후에게 한고조가 존경하는 현자인 동원공, 하황공, 녹리선생, 기리계 등 '상산사호(商山四皓)'를 모셔올 것을 제안했다. 상산사호는 세상을 피해 상산에 숨어 지내는 큰 인물들로, 눈썹과 수염이 모두 하얗기 때문에 사호(四皓)라고 불렸다. 여후는 장량의 말에 따라 네 원로를 초빙해 극진히 모셨다. 그 사이 장량을 포함한 신하들은 목숨을 걸고 태자를 지키려 노력을 다했다.

한나라 12년에 한고조는 전쟁을 끝낸 뒤 병이 위급해지자 태자를 바꾸려는 생각이 더욱 강해졌다. 그러던 어느 날 태자가 한고조를 모시고 연회를 열었는데, 이 자리에서 한고조는 태자가 눈썹과 수염이 온통 눈빛처럼 하얀 상산사호와 함께 있는 것을 보고 깜짝 놀랐다.

"내가 저들을 보고 싶어 한 지 오래인데도 나를 만나주지 않았다. 어째서 나를 기피하면서 태자와는 가까이 하고 있는가?"

상산사호가 이 말을 듣고 입을 모아 말했다.

"임금이 선비를 가볍게 여기는 바람에 신들은 욕이나 당하지 않을까 두려워 산속에 숨어서 지내고 있었습니다. 그러나 태자는 선비를 아끼고 좋아해서 천하가 그를 따르고 있습니다. 그래서 우리도 산에서 내려와 태자를 돕기로 한 것입니다."

유방은 이 말을 듣고 "이미 태자에게는 우익(羽翼)이 생겼구나. 나의 힘으로도 이제는 태자를 어쩔 수 없게 되었구나"라고 탄식했다. 덕을 지닌 유영태자는 마침내 장량과 상산사호의 도움을 얻어 황제 자리에 올라 혜제(惠帝)가 될 수 있었다.

여기서 유래한 우익이성(羽翼已成)은 '새의 깃과 날개가 이미 자랐다'라는 말이다. 우익은 새를 보호하고 보좌해 주는 깃과 날개이므로 보좌하는 사람을 비유하고, 어떤 자리를 차지할 만한 지지기반을 갖춘 것을 의미하는 말이기도 하다.


우리는 네트워크 시대에 살고 있다. 성공은 어떤 네트워크를 구축하느냐에 달려 있다고 해도 과언이 아니다. 네트워크는 그냥 만들어지는 것은 아니다. 먼저 호의를 베풀어야 한다. 사람은 누군가의 호의를 입으면 마음의 빚을 지게 되고, 그것을 갚으려는 심리가 강하다. 따라서 호의를 베푸는 것은 네트워크라는 밭에 씨앗을 뿌리는 것과 같다. 가급적 좋은 씨앗을 넓게 뿌리는 것이 좋다. 그 씨앗이 자라 깃과 날개가 되어 줄 것이다.

'인사는 상사가 아니라 자신이 하는 것'이라는 말이 설득력을 지니는 이유다. 인사권자는 인사 당사자에 대해 다면평가를 통해 합당한 자리를 주려고 한다. 따라서 평소 특정인에 대한 줄서기에 신경 쓰기보다는 상사나 후임 등과 두루 좋은 관계를 유지하도록 노력하는 것이 좋다.

현 부서의 직속상관이나 그 위 상관만이 나의 우익이 되는 것은 아니다. 그들이 혹시 나의 진정성이나 능력을 제대로 평가해 주지 않더라도 실망할 필요가 없다. 서로 궁합이 안 맞을 수도 있음을 인정하고 우익의 폭을 넓혀 나가면 좋은 결과를 얻을 수 있다.

우익이성 : 자신의 편을 이미 만들어 놓다.

| 羽 | 翼 | 已 | 成 |
|---|---|---|---|
| 깃 우 | 날개 익 | 이미 이 | 이룰 성 |
| 羽 | 翼 | 已 | 成 |
| 羽 | 翼 | 已 | 成 |
| | | | |
| | | | |
| | | | |

【5장】

변할 것이냐, 죽을 것이냐

－함정에 빠진 당신을 위한 한마디

## 아득하더라도 뜻을 세워야 한다

뜻이 있다면 결국 이루어진다.
후한의 광무제와 충성스런 장수 경엄의 고사에서 유래했다.
방향성이 굳건하다면 어떤 상황에서도 흔들리지 않는다.
기업도 마찬가지로 비전이 필요하다.
다만 그 비전은 리더만의 것이 아니라,
구성원 모두가 공감하고 마음에 품은 뜻이어야 한다.

CEO에게 과연 영일(寧日)이 있을까? 좋은 날은커녕 매일매일 숨
가쁘게 돌아가는 업무를 처리하는 것이 당연지사다. 아무리 열과
성을 다해도 어려운 경영 여건을 극복하기 막막할 때면 한숨이 절
로 나온다. 시장은 갈수록 포화 상태로 빠져들고 치열한 경쟁으로
숨이 막힌다. 아무리 강한 심장을 가진 CEO라 하더라도 포기하고
싶은 생각이 절로 날 것이다. 하지만 이를 외면할 수 없는 것이 바
로 리더의 자리다.

이럴 때 리더는 지푸라기라도 잡는 심정으로 마음을 다잡아 주는

금언을 찾게 된다. 스스로를 채찍질하면서 조직원들에게 하고 싶은 한마디가 필요하다.

CEO들이 가장 선호하는 고사성어 중 하나가 바로 유지경성(有志竟成)이다. 유지경성은 '뜻이 있어 마침내 이룬다'라는 말이다. 이루고자 하는 뜻이 있는 사람은 반드시 성공한다는 것을 비유한다. 일을 하는 데 있어 의지를 강조하는 것이다.

유지경성은 중국 후한의 광무제와 장수 경엄의 고사에서 유래됐다. 경엄은 무풍 무릉 사람이며 동한시대 개국의 명장으로 광무제 유수를 도와 공을 세운 28명의 공신 중 한 명이다. 경엄이 유수의 명을 받고 장보의 군대를 치러 갔을 때의 일이다. 당시 장보의 군대는 전력이 상당히 두터워 공략하기 어려운 상대였다.

어지럽게 싸우는 가운데 경엄은 다리에 적군의 화살을 맞아 피가 철철 흐르고 통증도 심했다. 그러자 경엄의 부하가 잠시 퇴각한 뒤에 전열을 가다듬어 다시 공격하자고 권했다. 그러나 경엄은 "승리하여 술과 안주를 갖추어 주상을 영접하여야 마땅하거늘, 어찌 적을 섬멸하지 못하고 주상께 골칫거리를 남겨 드릴 수 있겠는가?"라고 말했다. 경엄은 다시 군대를 이끌고 장보를 공격했다. 장보는 마침내 패해 도망쳤다.

유수는 경엄이 부상을 당하고서도 분전해 적을 물리친 것을 알고 매우 기뻐했다. 유수는 경엄을 칭찬하며 "장군이 전에 남양에서 천하를 얻을 큰 계책을 건의할 때는 아득하여 실현될 가망이 없는 것으로 여겨졌는데, 뜻이 있는 자는 마침내 성공하는구려"라고 말했다.

　아득할지 모르지만 뜻을 세워야 한다. 뜻을 세우고 이끄는 리더가 있으면 그를 따라 성공을 실현하는 참모가 따르게 된다. 위기에 빠지더라도 포기하지 않고 위기를 기회로 삼을 수 있는 정신력은 유지경성에서 나온다.

　해마다 신년이 되면 신년사에서 유지경성을 경영 화두로 제시하는 CEO가 많다. 뜻을 세워야 어려운 경영 환경을 헤쳐 나갈 수 있기 때문이다. 절망은 기회를 위기로 바꾸고, 희망은 위기를 기회로 바꾼다. 뜻을 세워야 희망을 가질 수 있다.

　리더는 막연하게 '유지경성'을 외칠 것이 아니라 조직이 다 같이 '뜻'을 세우도록 유도해야 한다. 유지경성은 단순히 경영 화두로 던질 말이 아니다. 리더가 고민 끝에 분명한 비전을 제시할 때 유지경성이 이루어지는 것이다.

유지경성 : 뜻이 있다면 결국 이루어진다.

| 有 | 志 | 竟 | 成 |
|---|---|---|---|
| 있을 유 | 뜻 지 | 마침내 경 | 이룰 성 |
| 有 | 志 | 竟 | 成 |
| 有 | 志 | 竟 | 成 |
| | | | |
| | | | |
| | | | |

# 狗 猛 酒 酸

## 구 맹 주 산

## 변화의 걸림돌은 나 자신일지 모른다

사나운 개가 있으면 술이 쉰다.
술집에 사나운 개가 있으면 손님이 들지 않아 술이 팔리지 않고 상하는 법이다.
『한비자』에 등장하는 고사로, 관리자가 잘못하면
조직 전체가 망가짐을 경계한 말이다.
모두가 아는 문제점을 정작 리더 자신은 보지 못하는 경우가 많다.
현명한 리더는 한 발 물러서서
객관적으로 조직과 자기 자신을 바라봐야 한다.

변화를 강조하는 CEO들은 '변즉생 불변즉사(變卽生 不變卽死)'라는 말을 자주 인용한다. '변하면 살고 변하지 못하면 죽는다'라는 말이다. 기업경영을 하는 사람들의 절박함이 배어 있다. 빠른 속도로 변화를 좇아야 생존할 수 있을 만큼 세상은 급변하고 있다는 얘기다.

항상 위기와 기회가 공존하고 있는 경영 불확실성의 시대에서는 긴장의 연속이다. 한 고비를 참고 넘기면 좋은 시절이나 호황이 뒤따르는 사이클을 기대하기가 어려워졌기 때문이다. 환경 변화에 적응하려면 유연성을 가져야 한다. 말로는 변화를 외치면서 변화를 잘 못하는 조직은 유연성이 떨어져 있는 경우가 많다.

중소기업을 상대로 컨설팅을 하다 보면 변화의 가장 큰 걸림돌이 자수성가한 CEO 자신인 경우가 의외로 많다. 기업을 창업해서 어렵게 성공한 중소기업 사장은 자신의 성공 스토리에 집착하는 경향을 보인다. 다른 사람의 이야기를 잘 들으려고 하지 않는다.

특히 자신이 데리고 있는 참모들을 잘 믿지 않고 외부로만 눈길을 돌리려고 한다. 업무를 위임하기 싫어하고 자신이 직접 모든 일을 챙기려 한다. 회의 때마다 변화를 강조하면서도 자신은 정작 변화하려고 하지 않는다. 스스로 만들어 놓은 방식에서 벗어나지 않으려는 것이다. 위기의 조짐이 보이면 스스로 더 움츠러든다. 이런 경우 우수한 인재가 오래 버티지 못하고 떠난다. 그래서 기업은 더 이상 성장하지 못하고 제자리를 맴돈다.

오너 경영자의 스케일을 기업 성장에 맞게 키워야만 기업이 지속 성장을 할 수 있다. 조그만 성공이 더 크게 성공하는 데 장애가 되지 않도록 해야 한다.

대기업은 중간 간부들이 변화와 혁신에 가장 미온적이다. 조직이 커지면서 관료화되는 경향은 피할 수 없다. 기존의 룰에 따라 어렵게 높은 자리에 오른 간부들이 새로운 룰을 받아들이기를 좋아할 리 만무하다. 중간 간부들이 조직의 혁신에 대해 어떤 입장인지를 잘 살펴야 한다.

『한비자』에는 구맹주산(狗猛酒酸)이라는 말이 나온다. '개가 사나우면 술이 쉰다'라는 뜻이다. 춘추시대 송나라에 술을 잘 빚어 파는 장씨라는 사람이 있었다. 그런데 언제부터인가 손님이 뜸해 파리를 날리게 됐다. 장씨는 마을의 현자인 양천을 찾아가 자초지종을 이야기하고 조언을 청했다.

"자네 집 마당에 혹시 사나운 개가 있는가?"

"네, 있습니다. 개가 사나우면 술이 안 팔립니까?"

"요즘처럼 농번기에는 사람들이 아이들에게 술심부름을 시키는데 자네 집의 사나운 개가 무서워 딴 데로 가고 있는 게지. 사나운 개가 있으면 술이 쉬는 법이야."

장씨는 농번기라는 변화에 제대로 대처하지 못한 것이다. 『한비자』는 군주가 주변에 사나운 개인 간신배를 두고 있으면 그들이 좋은 인재를 쫓아버리기 때문에 제대로 통치하지 못하게 된다고 경고했다.

이를 요즘 경영 일선에 대비해 보면 중간 간부들이 사나우면 혁신은 어렵다는 것으로 해석할 수 있다. 또 CEO 스스로 마음속에 사나운 개를 키워 변화를 방해하는 경우를 경계하는 말이기도 하다.

리더는 본인 스스로 먼저 변할 때 조직의 변화도 이끌 수 있다. 항상 그래왔듯이 스스로 파괴하지 않으면 파괴당하고 만다. 리더가 변화에 대해 두려움을 갖는다면 뒤처질 수밖에 없다. 리더는 '불변즉사'라는 말만 외쳐서는 안 된다. 자신 또는 조직 내부에 변화의 걸림돌인 '구맹'이 있는지 먼저 살펴야 한다.

구맹주산 : 사나운 개가 있으면 술이 쉰다.

| 狗 | 猛 | 酒 | 酸 |
|---|---|---|---|
| 개 구 | 사나울 맹 | 술 주 | 초 산 |
| 狗 | 猛 | 酒 | 酸 |
| 狗 | 猛 | 酒 | 酸 |
| | | | |
| | | | |
| | | | |

破 釜 沈 舟

파 부 침 주

## 무엇이 사람을 움직이는가

솥을 부수고 배를 가라앉힌다.
초패왕 항우의 병사들이 죽음을 각오하고 싸운 모습에서 유래했다.
전쟁에서 지면 돌아가지 않고 여기서 죽겠다는 각오가 담긴 말이다.
살고자 하면 죽고, 죽고자 하면 살게 된다는
이순신 장군의 리더십은 오늘날에도 유효하다.
불확실한 상황을 타개하는 유일한 방법은
이를 악물고 나아가는 것뿐이다.


회사를 창업한 후배가 찾아왔다. 그는 다니던 회사를 그만두고 의기양양하게 사업을 시작했지만 얼마 지나지 않아 위기를 맞이했다. 사업을 포기하고 다시 회사에 취직을 할지, 아니면 어렵지만 계속 사업을 해야 할지를 놓고 갈등이 심했다. 그의 사정을 듣고 나서 그에게 질문을 했다.

"왜 사업을 하려고 했니?"

"직장을 다니는 것보다 사업을 하는 것이 노후를 대비하는 데 더 나을 것 같았습니다."

"돈을 벌고자 사업을 한다는 얘기군."

"그렇다고도 할 수 있지요."

"그래서 갈등이 심한 거야. 사업은 세상에 이로운 일을 한다는 사명감을 가지고 해야 하는 법이지. 커피점을 열면서 커피를 많이 팔아 돈을 벌겠다는 것과 고객들에게 맛있는 커피와 편안한 휴식공간을 제공해 기쁨을 주겠다는 것에는 큰 차이가 있지 않을까. 전자의 경우 커피 한 잔을 시켜 놓고 오랫동안 자리를 차지하고 있는 손님을 보면 짜증을 느끼게 되지만, 후자는 손님이 편안함을 느끼는 것에 만족할 수 있게 된다. 전자는 커피 장사이고 후자는 커피점 사업이다. 장사는 돈을 못 벌면 빨리 손을 떼야 하지만 사업은 다르지."

사업을 하려면 명분이 필요하다. 명분이 약한 사업은 중간에 어려움이 생기면 쉽게 그만둘 가능성이 크다. 그래서 사업을 시작할 때는 사명과 비전이 분명해야 한다. 이런 명분을 직원들과 공유해야 함께 위기를 극복할 수 있다. 사업을 하면서 단순히 돈을 벌겠다는 생각만으로는 곤란하다. 세상에 이로운 일을 하다 보면 돈은 그 결과로 따라붙게 된다.

후배는 6개월이 지나 다시 찾아왔다. 사업에 대한 출사표를 다시 썼다고 했다. 여전히 어려움이 있지만 끝까지 해보겠다는 의지가 보였다. 가치 있는 일을 '죽기 살기'로 하겠다는데 위기를 극복하지 못하겠는가.


초나라 항우는 진나라 군대를 치러 갈 때 부하들에게 사흘 치 식량만 챙기고 솥을 모두 깨뜨리라고 명령했다. 그리고 부대가 장강을 건너자 타고 온 배도 모두 물에 빠뜨렸다. 항우는 솥이 없어야 가볍게 이동할 수 있고 진나라 군대를 물리치고 난 후 그들의 솥을 빼앗아서 밥을 해먹으면 된다고 말했다. 병사들이 후퇴하지 못하도록 배를 없애는 '배수지진(背水之陣)'을 친 것이다. 항우의 병사들은 온 힘을 다해 싸워 큰 승리를 거뒀다. 솥을 깨고 배를 물에 빠뜨린다는 뜻의 '파부침주(破釜沈舟)'라는 고사성어가 여기서 나왔다.

전쟁을 치르는 것과 같은 치열한 경영 환경에서 살아남기 위해 CEO들은 파부침주를 강조할 수밖에 없다. 문제는 CEO의 이 같은 외침이 공허하게 메아리치다 말게 되는 경우가 많다는 것이다. 무엇보다 조직원들이 모두 공감하고 함께 결연한 의지를 갖도록 하는 것이 중요하다.

비전과 리더십의 힘은 위기 때 잘 드러난다. 모두가 우왕좌왕할 때 리더의 손끝은 탈출구로 향해야 한다. 그가 가리키는 방향으로 모두 일사불란하게 움직일 것이다. 리더가 우왕좌왕하거나 뒤로 물러나 있으면 모두가 혼란에 빠지게 된다. "일을 왜 이 따위로 만들었어?" 또는 "어떻게 좀 해 봐"라고 호통을 친다고 문제가 해결되지는 않는다.

문제가 생기면 즉시 위기관리팀을 구성하고 리더가 직접 수장이 되어야 한다. 위기관리팀은 필요한 모든 인적·물적 자원을 동원해 실행에 옮겨야 하기 때문이다.

위기관리팀에는 반드시 전문가를 포함시켜야 한다. 위기관리는 시간과의 싸움이기 때문에 전문성이 무엇보다도 중요하다. 어설픈 선무당이 일을 그르치거나 악화시킬 소지를 없애야 한다. 그리고 최악의 시나리오를 설정해서 대응책을 실행해야 한다. 위기관리는 과잉대응이 늦장대응보다는 낫다.

리더는 시시각각으로 변하는 상황을 점검하고 그에 걸맞은 대응책을 진두지휘해야 한다. 빠른 의사결정과 실행이 위기 탈출의 열쇠다. 호미로 막을 것을 가래로 막는 우를 범해서는 안 된다. 리더가 우물쭈물할수록 사태는 그만큼 더 나빠진다. 리더의 안이한 판단과 행동이 위기관리의 최대 적이다.

위기는 사전에 예방하는 것이 최선이다. 하지만 아무리 뛰어난 리더라고 해도 모든 위기를 사전에 감지하고 대책을 세울 수는 없다. 그래서 리더의 평가는 위기가 닥쳤을 때 더 분명해진다. 위기를 잘 관리하고 극복하는 리더는 더욱 강한 신뢰를 얻을 것이다. 반면 위기관리에 허둥대는 리더의 신뢰는 추락하고 만다. 리더는 위기가 기회라는 말을 꼭 명심해야 한다. 위기는 리더의 자질을 적나라하게 드러나게 만들기 때문이다.

우선 위기의 본질에 대해 경영진과 직원들이 인식을 같이 해야 한다. 그래야만 위기의 본질을 치유하고 극복할 수 있다. 위기에 대해 서로 다른 이유를 갖다 대면 위기를 더 키우게 된다. 합심해서 파주침주를 하려면 명분이 분명해야 한다.

## 파부침주:솥을 부수고 배를 가라앉힌다.

| 破 | 釜 | 沈 | 舟 |
|---|---|---|---|
| 깨뜨릴 파 | 솥 부 | 잠길 침 | 배 주 |
| 破 | 釜 | 沈 | 舟 |
| 破 | 釜 | 沈 | 舟 |
| | | | |
| | | | |
| | | | |

## 리더의 약속엔 방향성이 분명해야 한다

믿음이 없으면 바로 서지 못한다.
『논어』「안연」편에 나오는 말.
믿음은 리더에게 있어 모든 것이지만,
반드시 뱉은 말을 모두 지켜야만 얻어지는 건 아니다.
무엇을 위한 약속인지, 그것을 지키기 위해 어떻게 노력했는지를
오랜 기간 보여주는 것이야말로 신뢰의 기본이다.

부하 직원들이 싫어하는 상사는 때에 따라 말이 조변석개(朝變夕改)로 자주 바뀌는 사람이다. 자신의 말에 책임지지 않는 사람이다. 이런 경우 어느 장단에 춤을 추어야 할지 모른다. 상사의 말이 실제 행동과 다르거나 일관성이 없다면 직원들은 그를 신뢰하지 않을 것이다. 신뢰를 주지 못하는 상사의 말은 무게감을 상실한다. 직원들이 겉으로는 그의 말에 마지못해 따르는 시늉은 해도 마음으로부터 우러나오는 행동을 하지 않는다.

믿음은 사람의 말에서 비롯된다. 진실을 감출 수는 있어도 거짓

말은 감출 수 없다. 조직원들에게 믿음을 주지 못하는 상사에게는 인재가 머물려고 하지 않는다. 믿음이 사라지면 제대로 존립할 수가 없다. 무신불립(無信不立)이다.

공자는 군대와 식량을 버리더라도 믿음을 지켜야 한다고 설파했다. 자공이 어느 날 공자에게 치국(治國)의 도를 물었다. 공자는 "식량이 풍족하고, 군대가 넉넉하며, 백성의 신임을 얻으면 된다"고 답했다. 자공이 다시 물었다.

"셋 중 하나를 포기해야 한다면 어떤 것입니까?"

"먼저 군대를 버려야 한다."

"그러고 나서 또 하나를 버려야 한다면 어떻게 해야 합니까?"

"식량을 버려서라도 믿음을 지켜야 한다. 백성들의 신임이 없다면 아무것도 존립할 수 없기 때문이다."

『논어』「안연(顔淵)」편에 나오는 얘기다. 치국뿐만 아니라 작은 조직을 운영하더라도 신뢰는 중요한 덕목이다. 자기가 한 말에 대해 책임을 지는 사람이 신뢰를 얻는다.

리더가 약속을 지키는 것은 중요하다. 하지만 약속 이행이 좋은 결과를 가져오지 않고 오히려 나쁜 결과를 초래하는 경우라면 어떻게 할까? 나의 잇속을 차리기 위한 약속 변경은 신뢰를 무너뜨리지만 모두의 이익을 위해 불가피하게 약속을 변경하는 것은 오히려 신뢰를 더욱 단단하게 한다. 애당초 잘못된 약속이거나 상황이 바

꿰어 약속을 지키는 것이 더 큰 화를 부른다면 재고해 봐야 한다는 얘기다.

춘추시대 노나라에 살았던 미생이란 사람이 있었다. 미생은 어느 날 한 여인과 개울가 다리 아래에서 만나기로 약속했다. 하지만 어찌 된 영문인지 여인은 나타나지 않았다. 미생은 야속한 생각이 들었지만 끈기 있게 기다렸다. 그러던 중 많은 비가 내리기 시작했다. 개울물도 삽시간에 불어났다. 그러나 미생은 다리 위로 올라가지 않고 여인과의 약속을 지키기 위해 불어나는 개울물 속에서 다리 교각을 꼭 붙든 채 기다리다 그만 물에 빠져 죽고 말았다.

여기서 '미생지신(尾生之信)'이라는 말이 유래했다. 전후사정을 살피지 않고 무조건 약속만을 지키려고 하는 어리석음을 비유하는 말로 쓰인다.

경영여건이 바뀌다 보면 약속을 척척 지키기 어려울 수도 있다. 현명한 리더라면 과거에 얽매이지 않고 항상 미래를 생각해야 한다. 한 번 약속한 것이라도 실행에 앞서 다시 상황을 점검하고 최선의 선택이 되도록 노력해야 한다.

물론 일방적으로 약속을 저버리는 일을 아무렇지 않게 해서는 곤란하다. 약속을 변경할 때는 충분한 설명과 설득 과정이 필요하다. 약속을 지키지 못하는 이유를 설명해서 이해를 구해야 한다. 앞뒤 안 가리고 약속을 지키는 것보다 약속 이행에 대한 현명한 선택을 할 때 더 큰 신뢰를 얻을 수 있다.

무신불립 : 믿음이 없으면 바로 서지 못한다.

| 無 | 信 | 不 | 立 |
|---|---|---|---|
| 없을 무 | 믿을 신 | 아닐 불 | 설 립 |
| 無 | 信 | 不 | 立 |
| 無 | 信 | 不 | 立 |
| | | | |
| | | | |
| | | | |

## 능력이 아니라 운이라면?

스스로에게 흠뻑 취하다.
자신에 대한 자신감을 갖는 것은 좋지만,
그것만으로는 아무것도 이루어지지 않는다.
나의 강점과 약점을 객관적으로 바라보고,
보완할 점과 강화할 점을 생각하라.
다른 사람의 도움이 필요하다면
기꺼이 손을 내밀어라. 자신을 사랑하되, 자신만 생각하지는 마라.

　자수성가하거나 성공한 CEO는 자아도취(自我陶醉)에 빠지기 쉽다. 물론 자아도취적 CEO에게 긍정적인 면도 있다. 이들은 남을 설득해서 상대마저 자신감을 갖게 한다. 문제는 자신의 작은 성공에 취해 그 방식을 고집하는 경우이다. 자신의 성공 경험이 편협한 시각을 만들어 새로운 시장에서 걸림돌로 작용하는 것이다.

　펜실베이니아주립대 도널드 햄브릭 교수는 IT 업계 111명의 CEO를 분석해서 자아도취 정도가 기업의 전략과 성과에 어떤 영향을 미치는지 연구했다. CEO의 자아도취 성향을 객관적으로 파악하기 위해 연차보고서에 실린 CEO 사진의 크기, 언론 보도자료 중 CEO 이름을 언급한 빈도, CEO의 연설 중 '나'라는 일인칭 주어나 목적어의 사용 빈도, CEO와 다른 중역의 연봉 격차 등을 측정했다.

실증 분석 결과 CEO의 자아도취 성향이 높을수록 기업은 훨씬 더 과감한 전략을 추구했다. 기업 인수·합병(M&A) 건수가 많고 인수 프리미엄을 더 높게 지불하는 경향을 보였다. 이런 기업들은 성과가 아주 높든지 또는 아주 낮든지 극단적인 대조를 보였다.

최근 연구는 CEO의 자아도취 성향이 개인의 심리적인 성향 외에도 경영자들이 자신의 성공을 어떻게 해석하는가에 달렸다는 점을 지적한다. 불확실한 경영 환경에서 기업의 성과는 경영자의 능력 외에도 운(運)에 좌우되는 부분도 크다. 아무리 완벽한 전략을 수립했더라도 외부 상황이 불리하면 실패할 수도 있다. 반대로 어영부영 지내다가 횡재하는 경우도 있다.

문제는 이렇게 운이 좋아 성공한 경영자가 성공 요인을 자신의 능력에서 찾을 때 시작된다. 더구나 한 번이 아니라 두 번 또는 세 번까지 운이 좋았다면 자신의 능력을 과대평가하고 자신의 앞길을 막을 장애가 없다고 느낀다. 이들은 부하나 주변의 충고는 무능한 사람들이 하는 질투 정도로 간주하고 무시한다. 버클리대 찰스 오렐리 교수는 이런 유형의 경영자들은 재직 기간이 길어질수록 자아도취 성향이 더 심해지고 더 많은 보수를 요구한다는 연구 결과를 밝혔다.

심지어 CEO를 견제해야 하는 이사회도 이들을 막지 못한다. 프랑스 경영대학원 인시아드(INSEAD) 구올리 첸 교수의 연구에 따르면 자아도취적인 CEO는 자신처럼 자아도취적 인물들만 골라 사외이사로 영입한다.

자아도취의 함정에 빠지지 않기 위해서는 CEO 스스로 경계하는 수밖에 없다. 특히 성공한 사람일수록 자신의 능력 외에 운도 좋았다는 점을 인정해야 한다.

자신에게 직언할 수 있는 참모를 두는 것도 도움이 된다. 오라클의 래리 엘리슨 전 CEO는 자아도취형 인물이었다. 미국의 탐사보도 전문기자인 마이크 윌슨은 『신과 래리 엘리슨의 차이(The Difference Between God and Larry Ellison)』라는 책에서 "적어도 신은 자신이 엘리슨이 아니라는 점을 알고 있다"고 썼다. 엘리슨은 자신이 신인 줄 안다는 것을 이렇게 꼬집은 것이다. 엘리슨의 이 같은 성격에도 오라클이 성공한 원인 중 하나는 사프라 카츠라는 꼼꼼하고 보수적인 이인자가 있었기 때문이었다. 그는 엘리슨의 긍정적인 사고와 추진력을 살리면서도 자아도취의 함정에 마냥 빠지지 않게 도왔다.

성공의 경험은 귀중한 자산인 동시에 실패의 화근이 될 수 있다. "예전부터 이 방식대로 했어"라는 말은 조직을 해치는 독이다. 자신과 다른 방식을 경쟁상대로 보고 배척하려고 하는 자아도취적 사고는 위험을 부르기 쉽다. 리더는 작은 성공이 미래의 걸림돌이 안 되도록 스스로를 되돌아보아야 한다.

## 자아도취 : 스스로에게 흠뻑 취하다.

| 自 | 我 | 陶 | 醉 |
|---|---|---|---|
| 스스로 자 | 나 아 | 질그릇 도 | 취할 취 |
| 自 | 我 | 陶 | 醉 |
| 自 | 我 | 陶 | 醉 |
| | | | |
| | | | |
| | | | |

未 雨 綢 繆

미 우 주 무

## 예측하지 못하면 백 프로 실패한다

비가 오기 전에 둥지를 얽어맨다.
『시경』의 문구에서 유래한 말로, 미리 위험에 대비하는 자세를 뜻한다.
미래에 어떤 변화가 일어날지 정확히 알 수는 없지만,
확실한 것은 변화가 일어난다는 사실 그 자체다.
변화에 촉을 곤두세우고 늘 대비하라.
트렌드를 빠르게 따라잡아야 살아남는다.

예측은 철저한 관찰에서 비롯된다. 경영 일선에서 일어나는 사소한 변화나 조짐도 놓치지 않으려는 노력이 필요하다. 사무실에 앉아 회의만 한다면 정확한 예측을 할 수 없다.

동물 왕국의 늙은 사자가 자신이 병들어 사냥하기 힘들다는 소문을 냈다. 이 소식을 들은 많은 동물이 문병을 갔다. 여우도 문병을 갔다. 사자는 여우를 보자 매우 반가워하며 부드러운 목소리로 "여우야, 네가 무척 보고 싶었단다. 굴 밖에만 있지 말고 안으로 들어오너라"라고 말했다. 그러자 여우가 머뭇거리며 "사자 님, 이 굴 안으로 난 발자국을 보니 들어간 발자국은 있는데 나온 발자국은 없군요. 저 역시 들어가면 나온 발자국을 남길 수 없을 테지요. 몸조리 잘 하시고 안녕히 계세요"라고 했다.

오늘날 사업을 하는 데 있어 여우와 같은 예측력은 더욱 더 긴요하다. 경영학의 구루 피터 드러커는 "앞으로의 사회에서 기업은 트렌드를 예측하지 못하면 100퍼센트 실패한다"라고 했다. 예측을 위해서는 정확한 데이터 분석이 필요하다. 빅데이터의 중요성이 갈수록 부각되는 이유이기도 하다.

미국의 월마트는 허리케인이 있는 동안 맥주와 팝타르트 과자와 휴대용 랜턴이 많이 팔린다는 데이터를 확보했다. 월마트는 이들 상품을 미리 확보해 허리케인에 대비했다. 2004년 8월 대형 허리케인 '프랜시스'가 발생하자 월마트 창고에 가득 쌓여 있던 재고들이 불티나게 팔려 나갔다.

영국 대형 수퍼마켓 체인인 테스코가 '클럽카드'를 도입해 성공한 것은 트렌드 변화에 대한 예측과 이에 따른 민첩한 대응이 얼마나 중요한지를 보여주는 사례이다. 테스코의 이사회는 1994년 어느 날 마케팅 전문 기업인 던험비의 클라이브 험비 대표를 불러 프레젠테이션을 받았다. 험비는 회원 카드 제도의 도입에 관한 효과를 설명했다. 테스코에는 '그린 실드 스탬프' 쿠폰 제도가 있었는데, 회원 카드는 얼핏 보면 쿠폰과 비슷하지만 실은 전혀 달랐다. 회원 카드는 고객 정보를 남기는 것이다.

테스코는 전격적으로 클럽카드 제도를 도입했다. 구매가격과 상관없이 가입 회원이면 무조건 1퍼센트를 깎아 주는 이 카드는 당시로서는 혁명적이었다. 클럽카드를 통해 테스코는 충성도 높은 고객을 얻었다. 그리고 고객 데이터를 모을 수 있었다. 이 카드는 테스코를 영국 1위, 세계 3위 유통기업으로 만든 일등공신이 됐다.

사전 대비의 중요성을 강조한 말로 미우주무(未雨綢繆)가 있다. 비 오기 전에 창문을 고친다는 뜻이다. 『시경(詩經)』의 "비 내리기 전 뽕나무 뿌리 껍질로 틈새를 단단히 막았으니 누가 이 둥지를 허물 수 있으랴"라는 구절에서 유래했다.

누구나 사전에 위험을 완벽하게 대비할 수는 없다. 기업이든 국가든 뜻하지 않은 위기가 찾아올 수 있다. 사전에 충분히 준비가 안 된 상태에서 위기를 맞게 되면 우왕좌왕 할 수밖에 없다. 위기는 초기에 제대로 대응하지 못하면 항시 더 큰 화를 자초하게 된다. 사업을 하면서 평상시에 준비하는 유비무환(有備無患) 자세는 아무리 강조해도 지나치지 않다. 호미로 막을 일을 가래로도 못 막는 우를 범하지 말아야 한다.

미우주무 : 비가 오기 전에 둥지를 얽어맨다.

| 未 | 雨 | 綢 | 繆 |
|---|---|---|---|
| 아닐 미 | 비 우 | 얽을 주 | 얽을 무 |
| 未 | 雨 | 綢 | 繆 |
| 未 | 雨 | 綢 | 繆 |
| | | | |
| | | | |
| | | | |

# 勢 高 益 危
## 세 고 익 위

## 뇌가 권력을 인식할 때

권세가 높아질수록 위험도 더해진다.
『사기』「일자열전」에 나온 말로, 권력에 취하는 것의 위험성을 경계하고 있다.
'갑질'이 만연한 시대. 지위가 높으면 거들먹거려도 된다고 생각하는 시대이지만
세상에 영원한 '갑'은 없다. 돌고 도는 세상 속에서
당신의 갑질이 언젠가 부메랑이 되어 돌아올 수 있다는 것을 기억하라.

인기를 모았던 TV 드라마 「미생」에서 부하 직원에게 폭언을 일삼는 마 부장을 보고 많은 시청자들은 자신의 상사를 떠올렸다. 현실에서는 드라마보다 훨씬 폭압적인 상사가 많다. 상사의 등쌀에 못 이겨 회사를 그만두는 직장인이 의외로 많아 '회사를 보고 입사했다가 상사를 보고 퇴사를 한다'는 말이 생길 정도다.

상사들은 왜 부하 직원들에게 고통을 주는가? 뇌 과학자들은 일반적으로 권력을 가지면 뇌가 먼저 반응한다고 말한다.

사람의 뇌에는 다른 사람의 몸짓을 보거나 말을 들으면 그 사람

과 같은 느낌을 받게 하는 신경세포가 있다. 이 신경세포를 '거울뉴런(mirror neuron)'이라고 한다. 인간을 비롯한 영장류는 모두 거울뉴런을 갖고 있다. 그래서 동료가 고통을 느낄 때 나도 고통을 공감한다. 그런데 캐나다 과학자들은 폭압적인 상사의 뇌에서 거울뉴런의 작동이 멈추어 있다는 사실을 밝혀냈다. 권력을 가지면 거울뉴런이 제대로 작동되지 않아 상대방의 고통을 이해하지 못하게 된다는 것이다.

캐나다의 월프리드로리어대와 토론토대 공동연구진은 실험 참가자들에게 남에게 의존했거나 반대로 다른 사람을 압도했던 경험을 글로 쓰게 했다. 잠시 자신을 미약한 존재이거나 반대로 상사처럼 힘을 가진 존재로 생각하게 한 것이다. 이 상태에서 누군가 손으로 고무공을 쥐는 영상을 보여 주면서 뇌 활동을 측정했다. 실험 결과 권력을 가졌던 기억을 떠올린 사람은 거울뉴런이 거의 작동하지 않았다. 반면 힘이 약한 존재라는 생각을 한 사람은 거울뉴런이 활발하게 작동됐다.

뇌가 권력을 인식하면 남의 고통을 이해하는 감각은 무뎌지고 공격성을 보이게 된다. 뇌가 권력에 취해 마치 마약 중독과 같은 환각 상태에 빠지기 때문이다. 아일랜드 트리니티 칼리지의 이언 로버트슨 교수는 2013년 발표한 『승자의 뇌(The Winner Effect)』라는 책에서 "권력을 쥔 사람들은 남녀 구분 없이 테스토스테론이라는 남성호르몬이 증가한다"라고 밝혔다. 테스토스테론은 뇌에 만족감을 주는 호르몬인 도파민의 분비를 촉진한다.

뇌는 권력에 중독되면 헤어나지 못하고 점점 악질이 되는 경향이 있다. 1971년 미국 스탠퍼드대 필립 짐바르도 교수는 '교도소 실험'에서 이 같은 현상을 증명해 보였다. 대학생 24명을 두 그룹으로 나눠 한쪽은 죄수, 다른 쪽은 간수 역할을 시켰다. 간수 역할을 한 학생들은 아무런 지시를 받지 않았는데도 죄수 역할의 학생들을 학대하기 시작했다. 학대 행위는 갈수록 악랄해졌다.

정치인들은 후보 시절 서민의 고통을 공감하는 듯한 행동을 보인다. 그러다가 당선 이후에 표변하는 경우가 많다. 뇌가 권력 맛에 취한 탓이다. 정치권이 갈수록 권력투쟁에 공격성을 보이는 것도 뇌의 속성에 기인한다고 볼 수 있다.

사마천이 쓴 『사기(史記)』의 「일자열전(日者列傳)」에는 '도고익안(道高益安), 세고익위(勢高益危)'이라는 말이 있다. '도(道)란 높을수록 더욱 편하지만, 권세는 높을수록 더욱 위태롭다'라는 뜻이다.

미국의 34대 대통령인 드와이트 아이젠하워는 미국의 영웅이자 리더십의 상징이다. 제2차 세계대전 당시 어느 날 밤, 아이젠하워가 참모들과 함께 계단을 내려가고 있었다. 계단에 서 있던 한 병사가 아이젠하워에게 "이봐, 담배를 피우게 라이터 좀 빌려 줘"라고 무심코 말을 건넸다. 아이젠하워는 매우 인자한 모습으로 라이터를 꺼내더니 직접 불까지 붙여주었다. 이 모습을 본 참모들은 어쩔 줄을 몰라 했다. 뒤늦게 4성 계급장을 본 병사는 소스라치게 놀라며 그에게 경의를 표했다.

아이젠하워는 "리더십이란 잘못된 것에 대한 책임은 자신이 지고, 잘된 것에 대한 모든 공로는 부하에게 돌릴 줄 아는 것이다"라고 말했다. 부하 위에 군림하는 것이 아니라 부하를 이해하고 사랑하며 존중하는 것이 아이젠하워가 말하는 리더십의 본질이다.

이건희 삼성전자 회장의 장녀인 이부진 호텔신라 사장의 리더십이 주목받고 있다. 이 사장은 2015년 7월 서울 시내면세점 신규사업자 선정을 위한 프레젠테이션 때 대기업 7개사 오너 중 유일하게 현장을 찾았다. 면세점 사업 선정에 참여한 업체들의 경쟁은 매우 치열하고 절실했다.

이 사장은 현장에서 임직원들에게 "너무 걱정 마세요. 잘 되면 다 여러분 덕이고, 떨어지면 제 탓이니까요"라고 말해 더욱 호평을 받았다. 아이젠하워가 말한 '내 탓, 네 덕'의 리더십을 이 사장이 그대로 보여 줬던 것이다. 리더가 군림하려 들면 뭇매를 맞지만 자세를 낮추면 인기가 높아진다.

뇌가 공격적이지 않고 상대방에 대해 연민과 공감을 가지려면 권력을 가져도 갖지 않은 것처럼 해야 한다. 스스로 자신의 몸을 낮춰 자신의 뇌를 다스려야 한다는 얘기다. 우리 속담에 '벼는 익을수록 고개를 숙인다'라는 말이 있다. 높은 자리에 올라가는 것은 권력이 커지는 것이 아니라 책임이 커진다는 것으로 받아들일 때 진정한 리더십을 갖게 된다.

세고익위 : 권세가 높아질수록 위험도 더해진다.

| 勢 | 高 | 益 | 危 |
|---|---|---|---|
| 형세 세 | 높을 고 | 더할 익 | 위태할 위 |
| 勢 | 高 | 益 | 危 |
| 勢 | 高 | 益 | 危 |
| | | | |
| | | | |
| | | | |

亡羊補牢

망 양 보 뢰

## 소를 잃고 나서라도 외양간은 고쳐라

양을 잃고 우리를 보수한다.
전국시대 초나라의 장신이 임금에게 충언한 말에서 비롯됐다.
일이 벌어진 뒤에 수습하는 것은 어리석지만,
아무 것도 하지 않는 것보다는 낫다.
재발을 막으려는 조치를 어리석다 하지 마라.
같은 실수를 반복하는 것이 더 어리석은 일이다.

갑자기 재난이 발생하면 누구나 움츠러드는 것이 당연하다. 재난을 접하면 자기 보호 본능이 발동한다. 지켜야 할 것이 많은 사람일수록 더욱 두려움은 커질 수 있다. 자신의 생명은 물론 재산, 권력, 명예 등에 대한 복잡한 생각이 올바른 판단을 흐리게 한다. 사사로운 안위를 먼저 생각하면 행동이 굼뜨게 되는 것은 당연한 이치이다. 이런 이유로 초기 대응이 부실하게 된다.

재난은 초기에 제대로 대응하지 못하면 항시 더 큰 화를 자초하게 된다. 이런 사실을 잘 알고 있기 때문에 재난에 대해 미리 대비하려고 한다. 기업이든 국가든 나름대로 재난에 대한 대비를 한다. 대비를 잘 하는 것이 프로이고 일류가 되는 길이다.

어떻게 사전에 재난을 대비할 수 있을까? 일단 한 번 경험한 재난에 대한 반성과 개선이 이루어져야 한다. 재난을 당해 큰 피해와 고통을 경험하고도 반성과 개선을 하지 않으면 재난은 반복해서 기업과 국가를 괴롭힐 것이다.

우리 속담에 '소 잃고 외양간 고친다'라는 말이 있다. 일을 그르치기 전에 대비를 철저히 하라는 경고의 메시지이다. 이 말을 좀 더 곱씹어 볼 필요가 있다. 소를 잃었으면 반드시 외양간을 고쳐야 한다. 소를 잃고도 외양간을 고치지 않으면 또다시 소를 잃을 수 있다.


중국 전국시대 초나라에 장신이라는 대신이 있었다. 하루는 그가 임금인 양왕에게 "전하께서 총애하시는 주후와 하후, 언릉군, 수근군 네 사람은 모두 음탕하고 방종하여 국가의 재정을 낭비하는 주범들입니다. 나라를 위해 하루속히 그들을 멀리 하시길 바랍니다"라고 간언을 했다. 하지만 양왕은 오히려 장신에게 화를 냈다. 장신은 신변의 위험을 느꼈다. 그래서 일단 조나라로 몸을 피했다.

장신이 조나라로 간 뒤 5개월 후 진나라가 초나라를 침공했다. 양왕은 성양으로 망명을 하는 처지가 되었다. 양왕은 그제야 장신의 말이 옳았음을 깨닫게 됐다. 그는 즉각 조나라에 사람을 보내 장신을 불러오게 했다.

"과인이 그때 그대의 말을 들었다면 이 지경이 되지 않았을 텐데.

지금 후회를 해도 소용은 없겠으나 혹시 방도가 있다면 어찌해야 할지 알려주시오."

장신은 담담하게 이렇게 대답을 했다.

"일찍이 이런 말이 있나이다. 토끼를 발견하고 사냥개를 불러도 늦지 않은 것이고, 양이 달아난 뒤 우리를 고쳐도 늦지 않습니다."

망양보뢰(亡羊補牢)라는 말이 여기서 유래했다. '양을 잃고 우리를 고친다'라는 뜻이다. 전한 시대 학자 유향이 편찬한 『전국책(戰國策)』에 나오는 말이다.

오늘날 망양보뢰는 일을 그르친 후엔 이미 때가 늦었다는 부정적인 뜻으로 사용되고 있다. 하지만 원래 뜻은 '잘못된 후에도 빨리 깨닫고 수습하면 늦지 않다'라는 의미로 사용됐다. 과거의 잘못에서 교훈을 얻지 못하면 잘못은 되풀이되기 마련이다. 과거에 대한 반성이 있어야 미래에 대한 기대를 할 수 있다. 소를 잃어도 외양간을 고쳐야 다음 피해를 막을 수 있다.

처음 잘못은 용서받을 수 있다. 하지만 되풀이되는 잘못은 용서받기가 쉽지 않다. 스스로 반성하는 사람은 반성할 일을 반복하지 않을 테지만, 역사를 망각하는 사람은 잘못을 계속 반복할 것이기 때문이다.

망양보뢰 : 양을 잃고 우리를 보수한다.

| 亡 | 羊 | 補 | 牢 |
|---|---|---|---|
| 망할 망 | 양 양 | 기울 보 | 우리 뢰 |
| 亡 | 羊 | 補 | 牢 |
| 亡 | 羊 | 補 | 牢 |
| | | | |
| | | | |
| | | | |

集思廣益

집 사 광 익

## 혼자 떠드는 것을 부끄러워하라

뜻을 모아 이익을 넓히다.
촉나라의 승상 제갈량이 쓴 「교여군사장사참군연속」에 등장하는 말.
조직을 해치는 것은 윗사람의 독선이다.
권위를 내려놓고 더 많은 의견을 들으며 객관적인 판단을 내릴 때
모두의 이익은 함께 커진다.
그리고 그 몫은 당신에게 돌아갈 것이다.

일을 하려면 회의를 해야 한다. 회의는 다양한 의견을 모아 토론을 하고 선택하기 위한 절차이다. 따라서 회의는 창의적인 아이디어가 샘물처럼 쏟아지는 자리가 되어야 한다. 서로를 자유롭게 비판하고 공격함으로써 아이디어가 단단해지고 여물게 된다. 누가 누구를 닦달하거나 다그치는 것이 아니라 상대방을 존중하면서 집단 지성을 얻는 자리이다.

직장 생활을 하면서 흔히 겪는 회의의 모습은 어떤가? 회의가 활기차고 생산적인가? 회의 시간이 기다려지고 설레는가? 오히려

'회의만 없어도 일할 맛이 나겠는데'라고 생각하지는 않은가? 사장은 회의를 하자고 해 놓고 벌써 한 시간째 혼자서 말을 한다. 자신의 영웅담을 늘어놓기도 하고, 돌아가며 면박을 주기도 하고, 인신공격마저 서슴지 않는다. 그가 "내 말이 맞지?" 하고 물으면 이구동성으로 "예!"라고 대답하는 것이 고작이다.

부서 회의를 하다 보면 발제자의 짧은 보고가 채 끝나기도 전에 주재자가 끼어든다. 그냥 끼어드는 것이 아니라 발제자의 내용을 신랄하게 비판한 후 자신의 아이디어를 내놓는다. 이 경우도 사장이 주재하는 간부 회의처럼 어느덧 주재자의 원맨쇼로 치닫는다. 회의를 하는지 강연을 듣는지 구분이 되지 않는다.


중국 삼국시대 촉한의 지략가로 잘 알려져 있는 제갈량은 촉나라의 승상이 된 뒤에 「교여군사장사참군연속(敎與軍師長史參軍掾屬)」이라는 글을 써서 수하들에게 전했다. 널리 의견을 구하는 방침을 정해 시행하도록 한 것이다.

"무릇 관직에 참여한 사람은 여러 사람의 의견을 모아 나라의 이익을 넓히도록 힘써야 할 것이다. 조금이라도 미움을 받지나 않을까 걱정하여 의견을 말하기를 멀리하고, 서로 의견이 엇갈리게 될까 걱정하여 말하기를 어려워한다면 큰 손실을 입는 것이다. 의견이 엇갈리는 가운데 얻는 것이 있으니, 병폐를 버리고 주옥을 얻는 것과 같다. 그러나 사람의 마음이 그렇게 하기 어렵거늘, 오직 서서만은 하는 일마다 미혹됨이 없었다. 동화도 7년 동안 일하면서 생각이 다른 경우에는 열 번이라도 와서 서로의 의견을 교환하였다. 진실로 서서의 10분의 1이라도 본받고, 동화의 은근함을 본받아 나라에 충성을 다한다면 나의 잘못을 줄일 수 있을 것이다."

여기서 생각을 모아 이익을 넓힌다는 뜻인 집사광익(集思廣益)이 유래했다. 여러 사람의 지혜를 모으면 더 큰 효과와 이익을 얻을 수 있음을 가리키는 말이다. 리더가 회의를 망치는 것은 집사광익을 생각하지 않고 자기만족만 취하려 하기 때문이다. 리더의 자기 과시욕이 강할 때 회의는 독백이 될 가능성이 크다.

리더의 부하에 대한 경쟁 심리도 회의를 엉뚱한 방향으로 이끈다. 리더가 자신보다 나은 부하가 없다는 것을 확인하면서 기뻐하는 것은 잘못된 자만심이다. 자신보다 더 좋은 아이디어를 얻으려는 노력이 있어야 하고, 자신보다 나은 부하를 얻었을 때 기뻐해야 한다.

회의를 주재하는 사람이 오너이거나 독선적인 리더라면 모두들 눈치만 살피고 있을 수밖에 없다. 회의에 참여한 사람이 어렵게 아이디어를 냈는데 리더가 마음에 안 든다고 바로 면박을 주면 어떻게 되겠는가? "괜찮아요, 어서 말해 보세요"라고 해놓고 곧바로 "그게 말이나 됩니까?"라고 핀잔을 준다면 모두 입을 다물고 말 것이다. 리더가 부하를 다그치거나 인격을 모독하는 것은 절대 금물이다.

집사광익을 이끌어내려면 첫째, 회의에 앞서 정보를 공유해야 한다. 리더가 정보를 독점하거나 타 부서 간에 정보 공유가 안 된 상태에서 회의를 하면 활발한 토론을 벌일 수가 없다. 회의 참석자들이 금시초문이면 개념을 이해하는 데 급급할 수밖에 없다. 더욱이 권한 위임이 안 된 상태에서 회의를 진행하는 경우라면 더욱 말하기가 어려워진다. 결국 리더가 혼자서 북 치고 장구 칠 수밖에 없다.

둘째로 리더는 자신이 이미 답을 알고 있어도 질문을 해야 한다. 누구나 편안하게 말을 할 수 있도록 부드러운 분위기를 만들어야 한다. 회의는 단순히 어떠한 결론을 얻기 위한 과정이 아니고, 리더의 일방적인 생각을 펼치는 시간도 아니다. 업무적인 소통은 물론 창의적인 소통이 이루어져야 한다. 당장은 필요가 없더라도 다양한 생각이 교환되도록 해야 한다. 아울러 정서적인 소통도 이루어져야 한다. 교감을 통해 서로 친밀감이 두터워져야 하는 것이다.

셋째로 회의 결과는 리더의 독단적 결론이 아닌 모두가 합의한 결론의 도출이어야 한다. 그래야만 지지와 동의를 얻고 결론이 난 방침에 대한 추진력이 강해지게 된다. 리더는 혼자 말하는 것을 부끄럽게 여겨야 한다. 나는 컨설팅을 할 때마다 회의 주재자의 모두발언을 생략하도록 권고하고 있다. 주재자는 다양한 의견이 도출됐을 때 조율하는 역할을 하면 된다. 회의 시간이 행복하도록 이끌 때 리더의 리더십은 그만큼 강해진다.

집사광익 : 뜻을 모아 이익을 넓히다.

| 集 | 思 | 廣 | 益 |
|---|---|---|---|
| 모을 집 | 생각 사 | 넓을 광 | 더할 익 |
| 集 | 思 | 廣 | 益 |
| 集 | 思 | 廣 | 益 |
| | | | |
| | | | |
| | | | |

## 판단이 흐려지면 나 자신을 잃는다

화합하되 동요하지 않는다.
『논어』「자로」편에 나오는 공자의 가르침.
모두와 어울리고 뜻을 모으는 것은 좋으나
줏대 없이 남을 따라가다가는 일을 그르치게 된다.
남의 이야기를 듣되 자신의 주관을 잃지 마라.
판단이 흐려지면 당신 자신을 잃게 된다.

높은 자리에 있다고 해서 리더십을 다 갖춘 것은 아니다. 정말 형편없는 사람이 자리를 차지하고 있으면 조직원들은 정말 죽을 맛이다. 게다가 오만하고 자신감에 가득 차서 자기 실수를 인정하지 않고 부하의 실수에 대해서는 가혹하다면 직원들이 제대로 재능을 발휘하기 어렵다. 결국 능력 있는 직원들은 조직을 떠나게 된다.

독선적인 리더는 자신의 생각에 부합되는 것만 취하려는 경향이 있다. 그러나 올바른 판단은 내가 가진 생각이 틀릴 수도 있다는 유연함에서 나온다. 아집과 편견의 껍질을 깰 수가 있기 때문이다. 다름을 인정할 때 인화를 얻고, 인화를 얻어야 집단지성을 이끌어낼 수 있다. 집단지성을 잘 도출하는 조직이 성공한다.

공자(孔子)는 『논어』 「자로(子路)」 편에서 군자를 화이부동(和而不同)하는 사람, 소인을 동이불화(同而不和)하는 사람이라고 했다. 화(和)는 남의 의견과 잘 조화하는 것이고, 동(同)은 맹목적으로 남의 의견을 따라가는 것이다. 리더는 화(和)하는 군자가 되어야지 동(同)하는 소인이 되어서는 안 된다.

『삼국지』에 등장하는 원소는 조조와 북방을 놓고 그 유명한 관도전투(官渡戰鬪)를 벌이게 된다. 관도전투는 원소에게 북방의 맹주가 되기 위한 절호의 기회였다. 원소는 조조에 비해 병사와 물자, 그리고 인재 면에서 절대적인 우세였고 갑옷이나 전마, 군량미에도 엄청난 차이를 보였다. 원소는 참모들과 전략회의를 했는데 단기전 파와 지구전 파가 팽팽히 맞섰다. 단기전을 주장한 곽도는 심배와 함께 이렇게 주장했다.

"주공, 『손자병법』에는 '아군의 군사가 적보다 열 배 많으면 포위하고, 다섯 배 많으면 공격하고, 두 배 많으면 분산하여 공격하고, 군사의 수가 같으면 최선을 다하고, 군사의 수가 적으면 도망가고, 승산이 없으면 일찍 포기하라'고 했습니다. 주공의 귀신같은 용맹함과 우리 군대의 강대함으로 하찮은 조조를 없애는 것은 손바닥 뒤집기보다 쉬운 일이 아니겠습니까? 지금 사납게 몰아붙이지 않으면 다시는 이런 기회는 오지 않습니다."

하지만 저수는 원소에게 지구전을 진언했다.

"주공! 아군의 수는 많으나 적군보다 용맹하지 않습니다. 적군은 용맹하나 식량이 부족하여 지구전에 약합니다. 기다리면 적군이 자멸할 것입니다. 단기전을 하면 조조에게 패할 겁니다. 부디 통촉하여 주시옵소서!"

원소는 저수의 진언을 무시하고 평소에 자신이 편애하던 심배와 곽도의 손을 들어주었다. 저수가 재차 간언하자 원소는 화를 내며 지구전을 주장한 저수를 하옥시켰다. 결국 관도대전은 원소의 대패로 끝이 났고, 원소는 패망 후 시름시름 앓다가 죽게 됐다. 원소가 저수와 전풍의 충언을 무시하고 듣기 좋은 말만 판단 근거로 삼은 탓이다.

리더의 역할은 다양함을 하나로 조화시키는 것이다. 오케스트라를 지휘하는 지휘자처럼 서로 다른 음을 화합해 아름다운 하나의 음으로 만들어야 한다. 그러기 위해서는 냉철한 매의 눈으로 옳고 그름을 판단할 줄 아는 혜안을 지녀야 한다. 스스로를 낮추고 나의 의견에 반대하는 부하들의 말에 귀 기울일 줄 알아야 한다. 듣고 싶은 말만 듣는 선택적 경청을 해서는 안 된다. 오만과 독선이 화(和)를 해치는 독이다. 화(和)를 해치면 화(禍)를 부른다. 다름을 인정해야 인화를 얻는다.

화이부동은 조직과 조직이 합쳐졌을 때에도 반드시 필요하다. 수많은 기업이 시너지를 내기 위해 합병을 하지만 정작 성공 확률은 높지 않다. 글로벌 경영컨설팅 업체인 베인앤컴퍼니의 연구 자료를 보면 합병의 70퍼센트는 제대로 가치를 창출하지 못한다고 한다.

1998년 독일 자동차 제조업체인 다임러벤츠와 미국의 자동차 회사인 크라이슬러도 그랬다. 이들은 합병을 통해 세계 자동차 업계의 빅 5가 되기를 꿈꿨지만 제대로 시너지를 내지 못하고 3년 후 갈라섰다. 가장 큰 요인은 개성이 강한 두 기업이 서로 상대방의 기업문화를 받아들이지 않았기 때문이었다. 두 기업의 문화 충돌은 제품이나 브랜드, 가치관의 충돌에서 시작돼 직원 간의 반목과 불신으로 확산됐다.

합병 기업은 철저하게 화이부동의 가치를 지켜야 한다. 인수 기업은 좀 더 너그러운 자세로 피인수 기업의 독립성을 살려 줘야 한다. 피인수 기업 역시 움츠러들지 않고 독립적으로 일하되 인수 기업의 문화를 흡수하는 데 반감을 가져서는 안 된다. 서로 기업의 차이를 이해하고 서로의 비즈니스 가치를 보완하고자 노력을 해야만 하나로 어우러질 수 있다.

화이부동 : 화합하되 동요하지 않는다.

| 和 | 而 | 不 | 同 |
|---|---|---|---|
| 화할 화 | 말이을 이 | 아닐 부 | 한가지 동 |
| 和 | 而 | 不 | 同 |
| 和 | 而 | 不 | 同 |
|  |  |  |  |
|  |  |  |  |
|  |  |  |  |

中 石 沒 鏃

중 석 몰 촉

## 기적은 언제 일어나는가

돌 한 가운데 화살촉이 박히다.
전한시대의 장군 이광의 일화에서 유래된 말.
정신을 집중하면 때로 믿을 수 없는 힘이 생겨난다.
매사에 돌을 뚫을 만한 집중력을 발휘할 수는 없겠지만,
더 이상의 기회는 없다는 생각이 든다면 돌아보지 말고 모든 것을 던져라.
기적은 당신이 만드는 것이다.

적당한 긴장감은 일에 대한 열정을 불러오지만 지나친 의구심과 두려움은 일에 대한 집중력을 떨어뜨린다. 우리가 꿈을 쉽게 이루어내지 못하는 것도 꿈을 이루어낼지에 대한 확신이 부족하기 때문이다. 『사기』의 「이장군열전(李將軍列傳)」에 중석몰촉(中石沒鏃)이라는 말이 나온다. 쏜 화살이 돌에 깊이 박혔다는 뜻이다. 정신을 집중해 전력을 다하면 어떤 일에도 성공할 수 있음을 이르는 말이다.

전한시대 인물 이광은 흉노족의 땅에 인접한 농서 지방의 무장 대가 출신이었다. 조상으로부터 물려받은 궁술과 기마술에 남다른

재주가 있었고, 신망과 존경을 한 몸에 받았다. 문제 14년에 이광은 숙관을 침범한 흉노를 크게 무찌른 공으로 시종무관이 되었다. 흉노는 그를 한비장군(漢飛將軍)이라 부르며 감히 그가 있는 성을 넘보지 못했다.

하루는 이광이 사냥하러 갔다가 풀숲에서 호랑이가 자고 있는 것을 보았다. 그는 일발필살(一發必殺)의 신념으로 신중하게 활을 당겼고, 화살은 정확히 명중했다. 그런데 호랑이는 꼼짝 하지 않았다. 가까이 다가가 보니 그것은 호랑이처럼 생긴 큰 돌이었는데, 화살이 깊이 박혀 있었다. 그는 제자리로 돌아와서 다시 활을 쏘아보았지만 이번에는 박히지 않고 튀어 올랐다. 정신을 한데 모으지 않았기 때문이다.

중석몰촉과 비슷한 뜻으로 일념통암(一念通巖)도 자주 쓰인다. 정신을 집중하면 화살이 바위를 뚫는다는 말이다. 정신을 집중하면 때로는 믿을 수 없을 만한 큰 힘이 나올 수 있다.


정신일도 하사불성(精神一到 何事不成)이라는 말이 있다. 한 가지 일에 온 정신을 다 쏟으면 세상에 안 되는 일이 없다는 뜻을 가진 말이다. 주자는 "양기(陽氣)가 발하는 곳에는 쇠와 돌도 뚫어진다. 정신이 한 번에 이르면 무슨 일이 이뤄지지 않겠는가?"며 정신 집중을 강조했다. 이번이 마지막이라는 생각으로 정신을 집중하면 뜻을 이룰 수가 있다. 이번에 실패해도 또 기회가 많다고 생각하면 그만큼 집중도가 떨어지게 된다. 기회가 많다고 성공 확률이 높은 것은 아니다.

한 궁사가 과녁을 향해 활을 겨누고 있었다. 그의 손에는 화살이 두 개 있었다. 옆에서 이를 지켜보던 백발의 스승이 "화살 하나는 버려라"라고 말했다. 궁사는 스승이 시키는 화살 하나를 버렸다. 한 개의 화살로 정신을 집중해 시위를 당겼다. 쏜 화살은 멋지게 과녁의 한가운데를 관통했다. 스승이 환한 미소를 지으며 "다음에 또 기회가 있다고 생각하면 아무리 화살이 많아도 과녁을 맞히기 어려운 법이다"라고 말했다.

신창재 교보생명 회장은 경영화두로 중석몰촉을 제시했다. 신 회장은 2015년 신년사를 통해 "중석몰촉의 정신으로 어려운 경영환경을 이겨내자"고 밝혔다. 그는 "백 리를 가는 사람에게 반은 오십 리가 아니라 구십 리이다. 그만큼 나머지 십 리의 여정이 힘들고 어렵다. 비전을 달성하는 데 있어 나태해지려는 마음을 부여잡고 마지막 끝까지 부단히 노력해야만 목적지에 도달할 수 있다"라고 강조했다.

기업 경영의 성과를 높이기 위해서는 수익 다원화가 필요하지만 선택과 집중도 중요하다. 어려운 환경을 돌파하는 데 있어 사업을 이것저것 벌여나가기보다는 될 만한 사업에 집중력을 가질 필요가 있다. 무슨 일이든지 쏜 화살이 돌에 박힐 정도로 정신을 한 곳에 집중해 일하면 이루어낼 수 있다. 꿈이 반드시 이루어진다는 확신을 갖고 정신 집중을 해야 중석몰촉의 기적도 일어날 것이다.

중석몰촉:돌 한 가운데 화살촉이 박히다.

| 中 | 石 | 沒 | 鏃 |
|---|---|---|---|
| 가운데 중 | 돌 석 | 잠길 몰 | 화살 촉 |
| 中 | 石 | 沒 | 鏃 |
| 中 | 石 | 沒 | 鏃 |
| | | | |
| | | | |
| | | | |

# 藥籠中物

## 약 | 롱 | 중 | 물

## 쓴 약 같은 인재를 반드시 곁에 둬라

약 바구니 속의 중요한 물건.
명재상 적인걸이 충언을 잘 하는 원행충을 칭찬한 말.
맹목적으로 충성하는 부하보다는 쓴소리도 할 줄 아는 부하가 더 필요하다.
달콤한 말만 들려 하는 리더에게는 미래가 없다.
다른 의견을 말할 줄 아는 인재를 소중히 여겨라.

 

중국 역사를 보면 눈에 띄는 명재상이 많다. 인재를 알아보고 등용하는 제왕이 있기에 명재상도 있는 것이다. '정관의 치'로 칭송받은 당나라 태종의 곁에는 위징이라는 명재상이 있었던 것처럼 말이다. '정관의 치'에 버금간다는 평가를 받는 '무주의 치'가 있다. 무주(武周)는 당나라 고종의 황후인 측천무후가 세운 나라를 지칭한다. 측천무후는 적인걸이라는 명재상을 두고 통치를 했다.

측천무후는 반대파를 잔혹하게 제거했지만 재능이 출중한 인재들은 신분을 따지지 않고 파격적으로 임용했다. 그래서 주변에는 인재가 많이 모였다. 그중에서 가장 돋보인 인물이 재상 적인걸이다. 그는 사법기관의 관리인 대리승으로 지내던 시절 1만7,000여건의 사건을 판결하면서도 잘못된 판결이나 억울한 자가 생기지 않아 명성을 얻기도 했다.

재상이 된 적인걸은 두려움 없이 측천무후에게 직간해 정치의 기강을 바로 세웠다. 이뿐만 아니라 민생을 안정시켜 백성에게도 존경을 받았다. 적인걸은 중종을 다시 태자로 세우도록 해 당 왕조의 부활에 공을 세웠고, 수많은 인재들을 천거해서 당의 중흥에 크게 기여했다. 적인걸이 만년에 이르자 측천무후는 그의 이름을 직접 부르지 않고 존경하는 뜻으로 '국로(國老)'라고 불렀다. 적인걸이 병으로 죽자, 측천무후는 너무도 비통한 나머지 사흘이나 조회를 하지 않았으며, 그에게 문창우승(文昌右丞)의 직위와 문혜(文惠)라는 시호를 내렸다. 측천무후는 중요한 결정을 내리기 힘들 때마다 적인걸을 생각하며 "하늘도 무심하시지, 국로 님을 그렇게 일찍 데려가시다니" 하고 탄식하곤 했다.

적인걸의 밑에는 다재다능한 인물들이 몰려들었다. 그중에 원행충이라는 사람이 어느 날 적인걸에게 말했다.

"대감 댁에는 맛있는 음식이 그득합니다. 자칫 과식하여 배탈이 날 수 있으니 쓴 약도 곁에 놔두는 것이 좋을 듯합니다."

그러자 적인걸이 웃으면서 대답했다.

"자네는 내게 있어 약장 속의 약과 같다네. 하루라도 없어서는 안 될 존재지."

약장 속의 약이란 뜻인 약롱중물(藥籠中物)이라는 고사성어가 여기서 유래했다. 『당서(唐書)』「적인걸전(狄仁傑傳)」에 나오는 이야기다. 약롱중물은 항상 곁에 없어서는 안 될 긴요한 인물 또는 물건을 말한다. 적인걸이 명재상이 될 수 있었던 것은 그를 따르는 약롱중물이 있었기 때문이며, 포악한 측천무후가 좋은 통치를 할 수 있었던 것도 적인걸과 같은 명재상을 약롱중물로 여겼기에 가능했다.

리더는 독단에 빠지기 쉽다. 그 독단을 막아주는 용기 있는 참모가 필요하다. 쓴소리를 싫어하고 달콤한 이야기만 들으려는 리더는 결국 자멸하고 만다. 중국의 춘추시대 제나라 안영 역시 직언을 서슴지 않은 훌륭한 재상이었다. 어느 추운 날 이른 아침 경공이 안영에게 말했다.

"따뜻한 음식을 가져다주시오."

"저는 임금께 식사를 갖다 바치는 신하가 아닙니다."

"그러면 갖옷을 좀 가져다주시오."

"저는 임금께 자리나 깔아 드리는 그런 신하가 아닙니다."

"그러면 선생은 과인에게 있어서 뭘 하는 사람입니까?"

"저는 사직지신(社稷之臣)입니다."

"무엇을 사직지신이라 하는 것입니까?"

"무릇 사직지신이란 나라를 세워 국가의 정책을 결정하는 큰 임무를 지닌 신하입니다. 상하의 직위를 구별하고 그 이치에 맞게 부려서 백관의 질서를 제정합니다. 또 나라의 위엄을 세워 세상에 알리는 것입니다."

군자는 군주를 위해 맹목적으로 충성하는 존재가 아니라 국가 사직을 위해 일하는 존재라는 것을 분명히 한 것이다. 대신은 백성과 함께 나라를 위한 일꾼이지 임금 개인의 사병이나 노예가 아니다. 이후 경공은 안영에게 예의에 벗어난 일을 시키는 일이 없었다. 『안자춘추(晏子春秋)』 「내편 잡상(內篇 雜上)」에 나오는 이야기다.

국가와 국민을 위하는 정치가 아니라 정권과 계파를 위한 정치를 하는 사람들이 넘쳐나고 있다. 근시안적으로 보면 이런 처세가 좋을지 모른다. 하지만 길게 보면 사직지신을 추구함이 옳을 것이다.

경영을 하는 데에는 약롱중물의 인재가 필수적이다. 약롱중물은 파워를 가진 사람의 주변을 맴도는 '문고리'가 아니라, 필요할 때 언제든 쓸 수 있는 '사직지신'이어야 한다. 경영자라면 적인걸처럼 전문성과 충심성을 갖춘 인재를 모아야 한다. 경영 능력은 인재들을 곁에 두는 능력이라고 해도 과언이 아니다.

약롱중물 : 약바구니 속의 중요한 물건.

| 藥 | 籠 | 中 | 物 |
|---|---|---|---|
| 약 약 | 대바구니 롱 | 가운데 중 | 물건 물 |
| 藥 | 籠 | 中 | 物 |
| 藥 | 籠 | 中 | 物 |
| | | | |
| | | | |
| | | | |

# 推 長 護 短
## 추 장 호 단

## 인재가 찾아오게 하는 법

장점은 높여주고 단점은 도와준다.
사람을 사귈 때에 기억해야 할 공자의 가르침.
누구나 장단점을 가지고 있다.
상대의 단점을 들춰내 곤경에 빠뜨리기보다는 적절히 덮어주고,
장점은 최대한 드러내주는 것이 현명한 인간관계다.
모든 사람이 완전무결할 수는 없다.

직장 생활을 하다 보면 오래도록 같이 일하고 싶은 상사가 있는가 하면, 상사 때문에 그만둘지를 고민하는 경우도 있다. 인재들이 앞다퉈 몰려드는 부서가 있는 반면, 썰물처럼 빠져나가는 부서가 있다. 이유는 의외로 간단하다. 인재는 단점을 감싸주고 장점을 키워주는 리더에게 몰리게 된다.

멀쩡한 인재를 데려다가 제대로 쓰지 못하면서 새로운 인재만 계속 탐하면 더 이상 인재를 얻기가 어렵게 된다. 사람의 능력은 각자 다르기 때문에 용인술이 필요하다. 사람을 잘 쓰면 약이 되고 잘못

쓰면 독이 된다. 사람은 누구나 단점과 장점을 지니고 있지만, 단점이 크면 클수록 오히려 장점도 클 수 있다는 점에 주의할 필요가 있다. 산이 높으면 골짜기가 깊은 이치와 같다.

조직의 틀에 억지로 사람을 맞추려는 어리석음보다는 사람의 장점을 잘 파악해 그 사람이 원하는 바를 이루도록 제때에 적합한 직책을 부여해 줘야 한다는 것이다. 이것은 말로는 쉽지만 참으로 실천하기 어려운 문제이다. 하지만 이를 염두에 두고 용인을 하는 리더와 그렇지 않은 리더는 큰 차이가 날 수밖에 없다.

누구든지 인사에는 관심이 많다. 인사가 만사라는 말이 있듯이 조직을 이끌어 가는 입장에서는 인사를 최우선 과제로 삼아야 한다. 인사는 하기 전에도 말이 많고 하고 나서도 말이 많다. 따라서 인사는 누구나 인정할 수 있는 원칙이 있어야 한다.

제갈량은 삼공의 원칙으로 인사와 조직 운영을 했다. 삼공의 원칙은 공정, 공평, 공개 등 세 가지이다. 어느 조직이든 마찬가지일 것이다. 이 원칙이 잘 지켜지면 조직원은 스스로 자부심과 자신감을 갖고 일할 것이고, 조직을 신뢰하면서 비전을 키워갈 것임에 틀림없다.

삼공의 원칙에다 덧붙여야 할 용인술은 부하의 단점을 덮어주고 장점을 높여주는 추장호단(推長護短)이다. 공자가 하루는 모처럼 외출하려는데 소나기가 내렸다. 준비해 놓은 수레에는 덮개가 없었다. 제자들이 "자하(子夏)에게 수레 덮개가 있으니 빌리도록 하십시오"라고 말했다. 그러자 공자는 이렇게 답했다.

"자하는 인색해 재물에 약점이 있다. 사람을 사귈 때는 장점은 높여주고 단점은 피해야 한다. 그래야만 오래도록 사귐을 유지할 수 있다."

공자는 자하가 수레 덮개를 빌려주기 싫어할 수 있다는 것을 알았고, 자신이 부탁하면 난감해할 것을 알았다. 그래서 일부러 자하의 단점이 드러나는 일을 피하려고 한 것이다. 자하의 단점을 인정하고 덮어주려는 공자의 가르침이 배어 있다. 사람들은 장점보다 단점을 더 잘 본다. 심지어 어떤 상사는 회의 시간이나 공개적인 장소에서 부하의 단점을 들춰내 망신을 주기도 한다. 노력하려는 부하의 각오를 꺾는 최악의 용인술이다.

'추장호단'을 행한 대표적인 인물로 오나라의 손권을 들 수 있다. 그는 황제의 자리에 오른 뒤 장상(將相)들을 모아놓고 "나는 늘 상대의 장점을 높여주고 상대의 단점을 곧 잊어버렸다"라고 말했다. 손권은 실제로 상황에 따라 그에 맞는 인재를 발탁해 대임을 맡긴 뒤 전폭적인 신임을 보냈다. 적벽대전 당시 주유에게 모든 것을 맡기고, 이릉대전 때는 육손을 전격 발탁해 기사회생의 승리를 거머쥐었다.

인재를 얻는 득인과 그를 부리는 용인의 요체는 '지용임신(知用任信)'이다. 인재가 있는 것을 알면(知), 불러들여 채용하고(用), 그에게 임무를 맡기고(任), 임무를 맡긴 이상 믿어야 된다(信). 스스로

덕을 쌓아야만 추장호단의 용인술을 발휘할 수 있다.

항우보다 특별히 뛰어난 것이 없었던 유방이 항우를 이길 수 있었던 것은 인재를 알아보고 인재를 적재적소에 배치한 덕분이었다. 주변 사람들이 학을 떼고 그 곁을 떠나는 사람은 리더로서 자격을 상실할 수밖에 없다. 인재가 먼저 나를 찾게 하는 승자의 용인술은 인덕에서 나온다. 나를 배신하는 것은 상대방이 문제가 있는 것이 아니라 나에게 문제가 있음을 깨달아야 진정한 리더가 될 수 있다.

추장호단 : 장점은 높여주고 단점은 도와준다.

| 推 | 長 | 護 | 短 |
|---|---|---|---|
| 밀 추 | 길 장 | 도울 호 | 짧을 단 |
| 推 | 長 | 護 | 短 |
| 推 | 長 | 護 | 短 |
| | | | |
| | | | |
| | | | |

# 누구와 함께 갈 것인가

―현명하게 이끌고 싶은 당신을 위한 한마디

萬 機 親 覽

만 기 친 람

## 권한은 나눠줄수록 더 커진다

만 가지 틀을 직접 들여다보다.
사장에게는 사장의 역할이, 직원에게는 직원의 역할이 있다.
사장이 모든 것을 다 챙기려 들면 일은 많아지고 위계질서는 복잡해진다.
아랫사람을 믿고 과감하게 권한을 위임하라.
믿고 맡기는 것도 리더의 역할이다.

회사를 창업해 어느 정도 키워낸 CEO를 만났다. 그는 창업 과정에서 수많은 어려움을 잘 극복했고, 대단한 열정과 솔선수범하는 모습을 보였다. 창의적인 아이디어는 물론 탁월한 노하우도 가지고 있었다. 그는 매사에 치밀하고 꼼꼼한 성격으로 창업 때부터 회사 일을 하나부터 열까지 모두 챙겨왔다. 그런데 회사 규모가 커지면서 상황이 달라졌다. 처리할 것이 많아지다 보니 중요한 결정이 늦어졌다. 엄청난 업무량에 시달리게 되자 어쩔 수 없이 임직원들에게 일을 나눠 줬다. 하지만 그들이 일하는 방식이 미덥지 않았고 불안했다. 그래서 외부의 인재를 영입하려고 애를 썼다. 하지만 스카우트된 인재들은 모두 그의 밑에서 오래 머물지 못하고 떠났다. 사람이 자주 바뀌고 조직은 늘 불안한 상태였다.

그의 경영 행태를 들여다보니 이유는 간단했다. 권한 위임을 전혀 하지 않았기 때문이다. 그는 창업 때부터 함께 일한 직원들의 실력도 믿지 못했다. 사람을 믿지 못하니 일을 맡기지 못하고 다 챙기는 것이다. 기업의 규모가 어느 정도 커지면 CEO가 모든 일에 관여하기란 불가능하다. 작은 일까지 챙기다 보면 CEO가 정작 장기적인 사업 방향의 설정 같은 핵심 업무에 집중하지 못하게 된다. 결국 회사는 어느 수준에서 더 이상 성장하지 않고 계속 옆걸음질을 친다.

그가 권한 위임의 노력을 안 한 것은 아니지만 방식에 문제가 있었다. 상사는 부하가 자신으로부터 배운 노하우를 익혀서 체화한 후에 더 쉽고 효율적인 방도를 찾아가도록 배려해야 한다. 상사가 자신이 하던 방식을 계속 고집하고 부하가 만든 새로운 방식을 무시하면 발전도 없고 불만만 쌓이게 된다.


당나라 현종은 명신 두황상에게 치세에 대해 물었다.

"자고이래로 제왕들 중에는 각종 정무를 성실하고 부지런하게 처리해 업적을 남긴 분도 있고, 삼가 몸가짐을 단정히 하고 청정무위(淸淨無爲) 정치를 펼친 분도 있다. 각각 장단점이 있을 것인데 가장 좋은 방법이 무엇인가?"

"제왕은 위로는 천지의 뜻을 받아 국가를 책임질 사명이 있으며,

아래로는 백성과 주변 민족을 안무할 책임이 있습니다. 그러나 아침저녁으로 근심하고 업무에 임한다면 스스로 한가로운 생활을 영위할 수 없습니다. 군주와 신하는 각기 맡은 바 직분이 있고, 국가의 법은 반드시 절차가 있습니다. 폐하께서 신중하게 어진 선비를 선발하고 그들에게 중책을 맡기시면 됩니다. 법령을 제정하여 공이 있으면 상을 내리고 죄가 있으면 문책해야 합니다. 상벌을 분명히 해 그들에게 믿음을 준다면 누가 조정을 위해 힘껏 일하지 않겠습니까? 현명한 군주는 인재를 찾을 때 심히 고생하나 그를 찾아 임용하고 나면 만사가 편안해집니다. 그러면 요순과 같이 청정무위 정치를 실현시킬 수 있습니다. 군주가 각종 작은 일에도 간여하고 각 부분의 일을 일일이 감독하면 몸이 열이라도 부족합니다. 진시황이나 수문제가 음식을 먹는 시간까지 아껴가며 정무에 매달렸으나 결과적으로 실패한 것은 일상적 정리(情理)에 어긋났기 때문입니다."

두황상은 군주가 하나에서 열까지 모든 것을 지시하고 통제하는 '만기친람(萬機親覽)'을 경계할 것을 황제에게 강조했던 것이다. 권한 위임이 잘 된 조직은 시스템이 잘 작동되기 때문에 위기 대처 능력이 높아지게 된다. 권한을 위임 받은 사람들이 책임감과 자발성을 가지고 일을 할 수 있기 때문에 같은 일을 하더라도 능률이 오르고 창의성을 발휘할 수 있다.

하지만 많은 리더는 권한을 하부로 위임하는 것을 주저한다. 권한을 위임하면 내가 할 일이 없어지는 것이 아닌가? 부하가 일을 잘하면 그가 내 자리를 차지하지 않을까? 권한 위임으로 결국 나의 존재 가치가 사라지지는 않을까? 이러한 불안감이 리더로 하여금 권한 위임을 망설이게 한다.

　미국 리더십 전문가인 존 맥스웰은 "자신을 조직에 없어서는 안 될 사람으로 만드는 유일한 방법은 자신이 없어도 되는 존재로 만드는 것"이라고 주장했다. 이것이 바로 '권한 위임의 패러독스'다. 계속해서 구성원들에게 권한을 위임하고 그들의 역량을 계발하도록 하면 조직에 없어서는 안 될 소중한 사람이 된다는 것이다.

　GE의 전 CEO 잭 웰치는 "유능한 인재들에게 그만한 권한을 부여하세요. 무엇이든 할 수 있게 해주세요. 기다릴 때도 있어야 합니다. 가령 탁월한 아이디어가 효과를 거두지 못해도 질책당하지 않고, 노력 자체로 칭찬받는 분위기가 되어야 합니다. 명심하세요. 관리자가 직원들이 창의력을 발휘해 자유롭게 일하고 성과에 따라 보상을 받는 문화를 만들지 못하면, 가장 유능한 직원이 떠날 수 있습니다. 그들은 갈 곳이 많은 사람들이니까요"라고 말했다.

　자리를 차지하려면 차지(借智)해야 한다. 더 높은 자리를 차지하려면 부하들의 머리를 빌려야 한다는 뜻이다. 작은 것을 버려야 큰 것을 얻을 수 있다. 권한 위임의 덕을 가장 크게 보는 사람은 리더 본인이다. 훨씬 더 중요한 일에 집중할 수 있기 때문이다.

만기친람: 만 가지 틀을 직접 들여다보다.

| 萬 | 機 | 親 | 覽 |
|---|---|---|---|
| 일만 만 | 틀 기 | 친할 친 | 볼 람 |
| 萬 | 機 | 親 | 覽 |
| 萬 | 機 | 親 | 覽 |
| | | | |
| | | | |
| | | | |

疑 人 不 用

의 인 불 용

## 인재를 보는 안목이 먼저다

의심되는 사람은 쓰지 않는다.
『송사』에 나오는 말로, 원래 문장은 '의심되는 사람은 쓰지 말고,
쓰기로 한 사람은 의심하지 말라'이다. 흠결 없는 인재는 없다.
그러나 그 흠결을 계속 신경 쓰고 들춘다면
인재는 마음 놓고 활동할 수 없고,
리더는 항상 불안하다. 곁에 두며 의심하는 것보다는
차라리 곁에 두지 않는 것이 낫다.

기자 출신인데다 언론사를 창업해 경영한 경험 덕분에 사람들을 좀 많이 아는 편이다. 그래서인지 사람에 대해 평판을 물어오는 경우를 자주 접한다. 알고 지내던 사람에 대해 다른 사람에게 이야기를 하는 것은 참 곤란하고 어려운 일이다. 자칫 말 한마디 때문에 그 사람의 운명을 바꿔놓을 수 있다. 미화해서 이야기했다가는 채용 후에 원망을 들을 수 있다. 반대로 보는 잣대가 너무 엄격할 경우 멀쩡한 사람이 기회를 놓칠 수도 있다. 그래서 남에 대한 평가는 언제나 조심스러울 수밖에 없다.

인사 담당자는 왜 이 사람을 뽑았느냐는 질문에 답할 수 있어야 하기 때문에 학력, 토익 점수 등 흔히 말하는 스펙을 따지게 된다. 하지만 스펙이 좋다고 회사에 적합한 인재라고 할 수는 없다. 기업이 필요로 하는 인재는 최고가 아니라 최적의 인재이다. 학력은 떨어져도, 토익 점수는 낮아도, 회사에 꼭 필요한 인재를 뽑아야 한다. 『좋은 기업을 넘어 위대한 기업으로(Good to Great)』를 쓴 짐 콜린스는 "기업의 가장 중요한 자산은 사람이 아니다. 적합한 사람(Right People)이다"라고 말했다.

삼성 창업주 이병철 회장은 인재 경영으로 정평이 나 있다. 그가 인사 철학으로 삼은 것이 '의인불용 용인불의(疑人不用 用人不疑)'이다. 중국 역사서인 『송사』에 나오는 말이다. 의심이 가는 사람은 쓰지 말고, 일단 쓰기로 마음먹었으면 의심하지 말라는 뜻이다. 이병철 회장은 민간 기업으로서는 선도적으로 공채를 실시했다. 이 회장은 또 본인이 직접 면접에 참여하는 것은 물론 관상가를 옆에 두고 면접을 보았다는 소문이 날 정도로 꼼꼼하게 따졌다. 간판보다는 인성을 고려해 선발했다.

사람을 쓰는 사람은 사람을 제대로 보는 안목을 가져야 한다. 인재를 보는 눈이 없으면 제대로 된 인재를 뽑을 수도 없거니와 의심하지 않고 아무에게나 일을 맡기다가 낭패를 당할 수 있다.

조선의 태자 봉림대군은 병자호란으로 인해 청나라에 끌려가 8년간이나 고생했다. 이후 효종으로 즉위한 뒤 북벌을 준비했지만,

그의 주변에는 뛰어난 장수가 많지 않았다. 뛰어난 장군이었던 임경업은 선왕인 인조 때 역모 사건에 휘말려 억울하게 죽임을 당했다. 임경업 장군을 그리워한 효종은 임경업이 아끼고 사랑했던 여인 매환이 살아있다는 소식을 듣고 그녀를 궁으로 불렀다.

"앞으로 내가 어떻게 하면 임경업과 같은 사람을 장수로 삼을 수 있겠느냐?"

"전하께서 임 장군 같은 장수를 얻어 북벌을 할 생각이십니까? 저는 전하께서 그것을 실행하지 못하실 것으로 생각합니다."

"네가 그것을 어찌 아느냐?"

"병자호란 때 전하께서는 종묘와 사직을 받들고 강도(강화도)로 피란 가셨습니다. 그때 전하께서는 김경징이 반드시 일을 그르칠 것을 아셨을 텐데 왜 그를 참수하지 않고 병사를 주어 오랑캐를 막게 하셨습니까? 김경징을 참수하는 것은 손바닥을 뒤집듯 쉬운 일이었는데도 하지 못하셨습니다. 하물며 북벌과 같은 대사를 어찌 실행하실 수 있겠습니까?"

효종은 이 말을 듣고 한참 동안 아무 말도 하지 못했다. 김경징은 병자호란 당시 강도검찰사로 강화도 방어 책임을 맡았다. 당시 섬에는 효종인 봉림대군을 비롯해 빈궁과 원손은 물론 전·현직 고관 등 많은 사람이 피란해 있었지만, 김경징은 이들의 의사를 무시하고 섬 안의 모든 일을 독단적으로 처리했다. 그는 강화를 금성철벽(金城鐵壁)으로 믿고 아무런 대비책도 강구하지 않은 채 매일 술을 마셨다. 또한 피란민을 구제한다는 명목으로 김포와 통진에 있는

곡식을 실어 날라 친분이 있는 사람에게만 나누어 줌으로써 민심을 크게 잃었다. 결국 그는 청나라 군사들이 강화성에 침입하자 나룻배를 타고 도망쳤다. 그럼에도 그는 인조반정의 공신이었기 때문에 효종이 차마 어쩌지 못한 것인데, 매환이 이를 당당하게 꾸짖은 것이다. 박소동 민족문화추진회 국역실장이 조선의 학자 성대중의 『청성잡기(靑城雜記)』를 풀어 엮은 『궁궐 밖의 역사』에 나오는 이야기다.

오늘날 리더들도 이러한 문제에서 자유로울 수 없다. 아무리 자기가 믿는 사람이더라도 주변의 평판에 한 번쯤 관심 갖고 올바른 평가를 해야 한다. 지위와 권력이 그 사람을 변화시킬 수 있기 때문이다.

인재를 선택할 때는 능력과 윤리라는 두 가지 척도를 생각해 봐야 한다. 둘 다 갖추었으면 오케이 사인을 줄 것이고, 둘 다 갖추지 못했다면 당연히 버리는 카드일 것이다. 그렇다면 능력은 없지만 윤리를 갖추고 있는 사람과 능력은 있지만 윤리가 없는 사람 중 누구를 선택해야 할까? 어디에다 그 인재를 쓸 것인가에 따라 우선순위가 달라질 수는 있지만, 한 사람의 비윤리적 행위가 조직의 존망을 좌우한다는 것만큼은 기억해야 한다. 기업에서 윤리경영이 강조되는 이유도 이 때문이다.

의인불용 : 의심되는 사람은 쓰지 않는다.

| 疑 | 人 | 不 | 用 |
|---|---|---|---|
| 의심할 의 | 사람 인 | 아닐 불 | 쓸 용 |
| 疑 | 人 | 不 | 用 |
| 疑 | 人 | 不 | 用 |
| | | | |
| | | | |
| | | | |

涸澤之蛇

학 택 지 사

## 부하를 높여주면 내가 높아진다

마른 연못의 뱀.
『한비자』에 등장하는 영리한 뱀들의 고사에서 유래된 말.
아랫사람을 한껏 띄워 줌으로써 윗사람이 빛나는 경우가 많다.
겉으로 보이는 우위에만 집착하지 말고 진짜 영향력을 생각해야 한다.
내 사람이 빛날수록 자신 또한 더욱 빛난다는 것을 잊지 마라.

『한비자』에는 지혜로운 뱀에 관한 재미있는 이야기가 실려 있다. 어느 여름날 가뭄이 들어 연못의 물이 말라버리자 연못 속에 살던 뱀들이 다른 연못으로 옮겨 가야 할 상황이 됐다. 하지만 옮겨 가는 도중에 화를 당할 수 있어 고민이었다. 이때 가장 작은 뱀이 나서서 큰 뱀에게 말했다.

"당신이 앞장서고 내가 뒤따라가면 사람들이 우리를 평범한 뱀으로 생각하고 죽일지도 모릅니다. 그러니 저를 당신의 등에 태우고 가십시오. 그러면 사람들은 조그만 나를 당신처럼 큰 뱀이 떠받드는 것을 보고 나를 아주 신성한 뱀이라고 생각하고, 우리에게 아무 해도 안 끼치고 오히려 떠받들 것입니다."

큰 뱀이 작은 뱀을 태우고 이동하자 사람들은 정말로 이를 신기하게 생각하며 건드리지 않았다. 물이 바짝 말라버린 연못인 학택(涸澤) 뱀들의 이 같은 생존 전략을 따 학택지사(涸澤之蛇)라는 고사성어가 만들어졌다.

학택지사는 윗사람이 아랫사람을 떠받드는 서번트 리더십(Servant leadership)을 상징하는 말이기도 하다. 조직원들이 잘되어야만 결국 조직도 리더도 잘될 수 있는 것이다. 서번트 리더십은 미국 학자 로버트 그린리프가 1970년대 처음 주창한 이론이다. '다른 사람의 요구에 귀를 기울이는 하인(Servant)이 결국은 모두를 이끄는 리더가 된다'라는 것이 핵심이다. 서번트 리더십은 인간 존중을 바탕으로 삼는다.

객관적으로 볼 때 리더보다 뛰어난 아랫사람은 많지 않다. 능력이 있다면 그가 리더가 되었을 테니 말이다. 리더 입장에서는 아랫사람이 마음에 안 드는 구석이 있기 마련이고, 그런 아랫사람을 섬기고 우대하는 것은 분명 쉬운 일은 아니다. 하지만 다른 사람이 보는 앞에서 아랫사람을 우대하고 인격적으로 대접할 때 리더십이 생긴다. 아랫사람과 함께 거래처 사람을 만났을 때 "이 사람은 우리 회사가 아끼는 인재입니다. 능력도 있고 일을 꼼꼼히 잘합니다"라고 소개하면 상대방의 신뢰는 높아진다. 그런 훌륭한 부하 직원을 둔 상사도 자연스럽게 대단한 존재가 되는 것이다.

부하 직원을 험담하는 상사가 의외로 많다. 업무상 실수를 지적하며 야단을 좀 쳤는데 노골적으로 불쾌한 티를 낸다고 험담한다. 제 맘에 들지 않으면 일을 제대로 하지 않아 다루기가 여간 불편한 게 아니라는 불평도 한다. 심지어 부하를 모시고 일하려니 힘들다고 하소연하기도 한다. 어쩌면 부하 직원들은 그에 대해 꼴불견 상사라고 불평할지도 모른다. 작은 실수라도 하면 기다렸다는 듯이 잔소리를 하거나 호통을 친다고, 그래서 눈치가 보여 조심조심 일하면 아예 일을 안 할 거냐며 짜증을 부린다고 말이다.

직장 생활을 하다 보면 긍정적인 인간관계만 있는 것이 아니다. 꼴불견인 상사도 있고 꼴불견인 부하도 있기 마련이다. 하지만 서로 관점이 다르다는 사실은 잊지 말아야 한다. 상사의 입장에서는 가르침이지만 부하의 입장에서는 잔소리이다. 상사의 입장에서는 나무람이지만 부하의 입장에서는 모멸감이다. 부하의 입장에서는 신중함이지만 상사의 입장에서는 게으름이다. 부하의 입장에서는 눈치 보기지만 상사의 입장에서는 삐침이다.


긍정적 에너지를 끌어낼 줄 아는 능력이야말로 리더의 핵심 요소이다. 평소에 칭찬하는 습관을 들여야 하는 이유이기도 하다. 컨설팅을 하면서 중간 간부들에게 칭찬을 하라고 주문하면 대개 이렇게 말한다.

"칭찬거리를 찾으려 해도 있어야 말이죠. 억지로 칭찬하는 것은 부작용만 낳을 수 있지 있나요?"

칭찬하는 것보다 야단치는 데 익숙한 상사, 칭송하기보다 험담하기 바빴던 부하 직원의 입장에서는 갑자기 상대방의 칭찬거리를 찾아내기가 쉽지 않다. 그래도 해야 한다. "자네 요즘은 지각을 안 하는 것 같던데 보기 좋군"이라던가 "부장님이 검토해 주셔서 보고서가 잘 나온 것 같습니다"처럼 아주 사소한 것이라도 말이다. 심리학자 에드워드 리 손다이크는 '만족스러운 결과를 가져오는 행동은 더욱 강해지고 불만족스러운 결과를 가져오는 행동은 더욱 약해진다'라는 이른바 '손다이크 효과'를 주창했다. 그는 지휘관으로부터 한 분야에서 좋은 점수를 얻은 병사는 다른 분야에서도 높은 점수를 얻는다는 사실도 발견했다.

하지만 칭찬을 건성으로 대충대충 하면 상대방을 감동시키기는 커녕 겉치레만 한다는 인상을 줄 수 있다. '저 사람은 아무나 보고 입에 발린 말을 한다'라는 낙인이 찍힐 수도 있다. 물론 칭찬을 물고 다니는 사람이라는 평판이 그리 나쁜 것은 아니지만 이왕 하려면 제대로 칭찬하는 습관을 갖는 게 좋다.

칭찬을 제대로 하려면 먼저 상대방에 대한 세심한 관찰이 필요하다. 그리고 그의 행동에 대해서 긍정적인 요소를 발견해야 한다. 다음으로 그의 장점을 찾아내서 인정하고 구체적으로 잘한 점을 들추어 칭찬을 하는 것이다.

학택지사 : 마른 연못의 뱀.

| 涸 | 澤 | 之 | 蛇 |
|---|---|---|---|
| 마를 학 | 못 택 | 갈 지 | 긴뱀 사 |
| 涸 | 澤 | 之 | 蛇 |
| 涸 | 澤 | 之 | 蛇 |
| | | | |
| | | | |
| | | | |

不恥下問

불치하문

## 아랫사람과 경쟁하는 것만큼 바보짓은 없다

아랫사람에게 묻는 것을 부끄러워하지 않다.
춘추시대 인물 공문자에 대한 평가에서 비롯됐다.
나이와 지식은 비례하지 않는다.
지위를 막론하고 지혜를 구하려는 태도는
부끄러운 것이 아니라 본받아야 할 일이다.
아랫사람이 나보다 모른다는 오만을 버려라.

부하와 경쟁하려는 상사가 의외로 많다. 똑똑한 부하를 보면 뿌듯한 생각을 갖는 것이 아니라 은근히 경쟁의식을 갖는 것이다. 직장은 무한경쟁의 전쟁터일 수 있지만, 그래도 부하 직원이 잘 되도록 도와주는 상사가 되는 것이 이득이 크다. 부하 직원이 나의 일을 할 수 있다면 나는 더 진전되고 고차원적인 일을 할 여유가 생기고, 그런 일을 해야 나의 위치도 그만큼 높아진다.

제대로 된 인재를 영입해 놓고도 그 인재를 잘 활용하지 못하는 중소기업 오너 겸 CEO를 접할 기회가 있었다. 그는 회의를 할 때 참모들의 이야기를 잘 듣지 않고 자신의 생각이나 경험을 쏟아냈다. 말을 할 때는 자신의 무용담을 주로 곁들였다. 회의를 하는 건지 강연을 듣는 건지 구분되지 않았다. 회의가 끝날 무렵 기회를 엿봐 누군가가 겨우 의견을 제시하려고 하자 그마저도 가로막았다.

회의 참석자들은 뻔한 이야기에 흥미를 잃었다. 이 회장이 그런 회의를 주재하는 이유를 곰곰이 생각해 보면 참모들에게 자신의 우월함을 과시하고, 그 우월함을 본받으라는 지시라고 볼 수 있다. 자발성과 생산성을 떨어뜨리는 '나쁜 회의'의 전형이다.

춘추시대 위나라에 공어라는 사람이 살았는데 사람들이 그를 공문자(孔文子)라고 불렀다. 공자의 제자인 자공이 어느 날 공자에게 "공문자는 왜 문(文)이라고 불리고 있습니까?"라고 묻자 공자는 이렇게 답했다.

"그는 머리가 명민하면서도 배우는 것을 좋아하여 아랫사람에게 묻는 것도 부끄러워하지 않는다. 이 때문에 문이라고 한 것이다."

불치하문(不恥下問)이라는 말이 여기서 유래했다. 아랫사람이라 할지라도 자신이 모르는 것을 묻는 것은 부끄러운 일이 아니라는 뜻이다. 공자는 학문을 하는 사람이 가져야 하는 마음가짐으로 불치하문을 강조했다. 배우고자 하는 사람은 내가 아랫사람보다 많이 알고 있어야 한다는 쓸데없는 자존심을 버려야 한다. 부하 직원에게 나를 가르치게 하고 그의 재주를 칭찬한다면 그는 열과 성을 다해 스스로 똑똑해지려 할 것이다.

잘 알지 못하거나 궁금한 사항이 있을 때 애매한 태도를 취하거나, 넘겨짚기를 하면서 마치 자신은 모든 것을 다 아는 것처럼 자랑하는 리더들이 있다. 한술 더 떠 자신은 상대방의 눈빛만 봐도 무슨 생각을 하는지 알 수 있다고 말하는 사람도 있다. 이런 리더일수록 질문을 잘 하지 않고, 궁금한 사항이 있으면 넘겨짚기를 한다. 정말로 궁금한 사항이 있어도 당사자를 부르지 않고 다른 사람을 불러 간접적으로 파악한다. 정작 당사자를 불러서는 이미 다 알고 있다는 티를 낸다. 하지만 리더가 알고 있는 것은 일부분이고 본질을 벗어난 껍데기에 불과할 때가 허다하다. 이런 리더일수록 주변에는 아부하는 사람이 많다.

리더라면 모든 것을 알아야 한다는 소영웅 심리도 위험하다. 자신이 똑똑해야 한다는 강박관념이 질문을 회피하게 만든다. 질문하지 않고 아는 체를 하려다 보니 핵심에서 비켜 가는 이야기를 늘어놓게 된다. 넘겨짚기는 오해를 부르는 마약이다. 넘겨짚기를 통찰력으로 착각하면 곤란하다.

모르는 것이 아니라, 모르는데 아는 체하는 것을 부끄러워해야 한다. 모르는 것을 깨닫기 위해 노력하는 것은 아름다운 일이다. 모르는 것을 알려고 하면 끊임없이 질문을 해야 한다. 질문은 경청을 유도하는 안내자이다. 질문은 상대를 인정할 때 값어치가 있다.

제대로 된 리더가 되려면 모르는 것에 솔직해야 한다. 부하와 경쟁하는 것은 멍청한 짓이다.

불치하문:아랫사람에게 묻는 것을 부끄러워하지 않다.

| 不 | 恥 | 下 | 問 |
|---|---|---|---|
| 아닐 불 | 부끄러울 치 | 아래 하 | 물을 문 |
| 不 | 恥 | 下 | 問 |
| 不 | 恥 | 下 | 問 |
| | | | |
| | | | |
| | | | |

傍 觀 者 明

방 관 자 명

## 쓴소리를 받아들이는 이가 진짜 일류다

곁에서 지켜보는 자가 더 잘 안다.
당나라 원행충의 책『석의』에 등장하는 말.
자신이 처한 상황을 객관적으로 살피기란 정말 어려운 일이다.
제삼자로서 객관적으로 평가해주는 사람의 말에 귀 기울여라.
괜한 자존심보다 중요한 것은
성과를 내는 것이요, 살아남는 것이다.


자수성가한 사람들은 대체로 고집이 세다. 과거에 자신이 성공했던 방식에 대해 강한 집착을 가진다. 그래서 남의 말을 잘 듣지 않는다. 이런 사람들은 대개 자신의 그릇에 스스로를 담아 둔다. 동네에서 작은 슈퍼마켓을 차려 성공했다고 대형 할인마트 경영도 할 수 있다고 착각해서는 안 된다. 슈퍼마켓의 성공 방식에 집착하지 않고 대형 할인마트 경영을 할 수 있도록 스스로 변신해야 한다.

기업을 차려 몇 년째 옆으로 기고 있는 중소기업 사장들을 만나 보면 스스로 변신하려는 의지가 약하다. 힘들고 어렵게 기업이 돌아가게 만들어 놓았기 때문에 변화를 두려워하는 것이다. 속으로 항상 '너희가 내 속을 알아?' 하면서 주변의 건의에 막을 치고 있다. 산전수전을 겪으며 높은 자리에 오른 사람이 자리를 차지한 후 평판이 급격히 나빠지는 경우가 허다하다. 올라갈 때까지의 방식이 이후에도 그대로 유효하다고 믿어서 생기는 낭패다.

리더가 아닌 일반 직원들도 자신의 주장을 끝까지 관철하려는 의도가 대단할 때가 많다. 물론 정당한 자신의 주장을 관철하는 일은 대단히 중요하고, 그것이 원칙과 소신의 문제라면 더욱 그렇다. 하지만 그 주장이 주위 사람에게 수용되기 어려운 것이라면 사정은 달라진다.

당나라 학자인 원행충이 지은 『석의(釋疑)』에는 '당국자미(當局者迷)요, 방관자명(傍觀者明)'이라는 말이 있다. 바둑을 직접 두는 사람은 수를 잘 보지 못해도 옆에서 구경하는 사람은 잘 볼 수가 있다는 뜻이다. 일을 하다 보면 타성에 젖어 지금 하는 방식이 당연하다고 여기는 경우가 많아진다. 그러나 옆에서 지켜보는 사람은 왜 저렇게 일을 할까 하는 생각이 들기 마련이다.

그가 용기를 내서 지적을 하면 괜한 자존심을 내세울 것이 아니라 내가 보지 못한 부분을 채워줬으니 고맙게 생각해야 한다. 원칙과 소신을 저버리는 귀 얇은 사람이 되라는 게 아니라, 내가 생각했던 수보다 나은 훈수라면 받아들이는 자세를 가지라는 얘기다.

세상을 걸고 항우와 한판을 펼쳤던 유방이 승리한 것도 참모의 훈수를 잘 받아들였기 때문이다. 유방에게는 옹치라는 부하 장수가 있었는데 유방을 배반했다가 다시 돌아와 전공을 세웠다. 하지만 유방은 그를 매우 싫어했다. 오죽했으면 '옹치'는 '늘 싫어하고 미워하는 사람'을 비유하는 말로 쓰이게 됐을까.

유방은 한고조가 되어 황제에 오른 뒤 봉후(封侯)를 하지 않고 머뭇거렸다. 그러자 장수들 사이에 원망과 불안의 기류가 형성됐다. 상황 판단이 빠른 장량이 유방에게 훈수를 두었다.

"옹치를 어찌 생각하십니까?"

"마음엔 안 드는데 공이 있으니 어찌할 수도 없고 골치일세."

장량은 기회다 싶어 말했다.

"옹치에게 벼슬을 내리면 그 모습을 본 신하들이 너도나도 앞다퉈 공을 세우려 할 것입니다."

유방은 남의 말을 잘 받아들일 줄 아는 사람이었다. 그는 장량의 훈수를 받아들여 옹치를 십방후(什邡侯)에 봉했다. 이를 지켜 본 장수들은 "옹치도 봉후했으니 우리는 근심할 것이 없다"라며 안도했고, 옹치는 황제를 더욱 성심성의껏 따르게 됐다.

바둑판에서는 한판을 다 두고 나서 이기는 것이 중요하다. 한 수 한 수에 자존심을 걸다가 지고 나면 무슨 소용이 있겠는가. 마음의 귀를 열 때 누군가의 '신의 한 수'도 들리는 법이다.

방관자명 : 곁에서 지켜보는 자가 더 잘 안다.

| 傍 | 觀 | 者 | 明 |
|---|---|---|---|
| 곁 방 | 볼 관 | 놈 자 | 밝을 명 |
| 傍 | 觀 | 者 | 明 |
| 傍 | 觀 | 者 | 明 |
| | | | |
| | | | |
| | | | |

緣木求魚

연 목 구 어

## 인재 교육은 비용이 아니라 투자다

나무에 올라가 물고기를 구하다.
맹자가 제나라 선왕에게 왕도정치를 역설하며 든 비유.
만백성이 왕을 섬기고 따르기를 바라면서 책략과 무력으로 억압한다면
처음부터 방향이 틀렸다. 성과를 내고자 하면서 인재를 키우지 않는 것도 마찬가지다.
경영이란 채찍만 휘두른다고 되는 것이 아니라,
적절한 투자와 인재양성으로 이뤄지는 것이다.

    사람을 비용으로 생각하는 경영자가 의외로 많다. 이들은 직원 교육을 사치로 생각해서 최소화할 뿐 아니라 회사가 어려워지면 아예 인건비를 줄이려고 안달한다. 그 과정에서 인재를 키우기는커녕 있는 인재마저 유출하고 만다. 당장의 수지를 맞추는 데 도움이 될지는 모르지만 장기적으로 회사를 발전시키기는 어려워진다.

    맹자는 스승인 공자가 한평생 추구하다가 실패한 왕도정치를 실현하고자 각국의 군왕을 상대로 강론을 펼쳤다. 쉰 살이 넘은 맹자는 양나라 혜왕과 작별하고 제나라 선왕을 찾았다. 동쪽에 있는 제

나라는 서쪽의 진나라, 남쪽의 초나라와 더불어 전국 제후 가운데에서도 대국이었고 선왕은 명석하고 역량이 있는 임금으로 알려져 있었다. 선왕을 만난 맹자는 무력과 책략을 기본으로 하는 패도정치(覇道政治)를 지양하고 왕도정치로 나아가야 함을 역설했다.

하지만 막상 선왕이 듣기에는 좋은 말이긴 하지만 현실성이 결여된 그야말로 '공자님 말씀'이었다. 선왕은 중국의 통일이 가장 큰 관심사였지만, 세상이 존경하는 선비에게 대놓고 반박할 수 없어 우회적으로 자기 생각을 암시하려고 했다.

"선생께서는 춘추시대의 패자였던 제나라 환공과 진나라 문공을 어떻게 생각하시오?"

"그렇게 물으시는 것을 보니 전하께서는 전쟁으로 많은 백성들이 목숨을 잃을 뿐 아니라 이웃 나라 군왕들과도 원수가 되는 것을 원하시는군요."

"꼭 그렇지는 않소이다. 하지만 과인에게는 원하는 것이 있소."

맹자도 선왕의 속마음을 알기에 우회적으로 물었다.

"산해진미의 음식이나 화려한 의복을 얻기를 원하십니까?"

"아니오."

"그럼 세상에서 가장 뛰어난 미색을 얻으려는 것입니까?"

"과인이 원하는 건 그런 사소한 욕망 따위하고는 다르오."

비로소 맹자는 정색을 하고 말했다.

"이 사람이 판단컨대 전하께서 원하시는 것은 천하통일을 이루어 온 누리의 군주와 백성들이 엎드려 복종하게 만드는 일입니다.

하지만 만약 무력으로 그것을 달성하고자 하신다면, 그것은 마치 나무에 올라가 물고기를 구하는 연목구어(緣木求魚)보다도 더 잘못된 방법임을 아셔야 합니다."

"아니, 그게 그렇게도 무리란 말이오?"

"무리한 정도가 아닙니다. 나무에 올라가 물고기를 구하는 것은 목적만 이루지 못할 뿐이지 후난(後難)은 없습니다. 그러나 패도로 나아가다 실패하는 날에는 나라가 망하는 재난을 피할 수 없습니다. 그보다 더 무리한 잘못이 어디 있겠습니까?"

이후 맹자는 제나라에 머무르지만 패도정치가 계속되자 결국 제나라를 떠난다. 제나라는 선왕 이후 쇠락의 길을 걷다가 결국 진나라에 의해 멸망한다. 인재를 키우지 않고 성장을 바라는 것은 '왕도 경영'이 아니라 '패도 경영'을 하려는 것과 같다.

세계적으로 저명한 리더십 전문가인 존 맥스웰은 톱 리더를 만날 때마다 리더를 키우라고 조언했다. 그럴 때마다 그들은 가장 먼저 비용이 얼마나 드느냐고 물었다. 존 맥스웰은 이런 질문을 받을 때마다 항상 "비용이 얼마가 들든지 리더를 육성하지 않았을 때 치러야 할 대가보다 크지는 않습니다"라고 답했다고 한다.

인재를 키우는 데 드는 돈은 비용이 아니라 투자로 생각해야 한다. 경영하는 데 있어서 인재를 키우거나 영입하지 않고 성과를 내려는 무모함은 연목구어와 다를 바 없다. 기업은 돈이 아니고 사람이다. 인재를 양성해야만 기업이 원하는 방향으로 성장할 수 있다.

연목구어 : 나무에 올라가 물고기를 구하다.

| 緣 | 木 | 求 | 魚 |
|---|---|---|---|
| 인연 연 | 나무 목 | 구할 구 | 물고기 어 |
| 緣 | 木 | 求 | 魚 |
| 緣 | 木 | 求 | 魚 |
| | | | |
| | | | |
| | | | |

## 일 잘하는 직원보다 조화로운 직원이 더 귀하다

무리를 해치는 말.
『장자』에 등장하는 조직 운영의 가르침으로,
조직을 해치는 개인은 과감하게 골라내야 한다는 뜻.
수완이 뛰어난 직원과 인품이 뛰어난 직원 중 골라야 한다면
주저 없이 인품을 택해야 한다.
능력은 조직력으로 보완할 수 있지만,
조직력이 무너지면 능력도 아무 소용없다.

새로 회사를 차려서 키우고 있는 후배가 자신의 고민을 가져와서
상담을 했다. 그의 고민은 역시 사람에 관한 것이었다. 중요한 보직
을 맡고 있는 간부 중에 두 사람이 고민거리라고 했다. A라는 사람
은 회사의 수익을 늘리기 위해 적극적으로 일하고 있지만 독불장군
처럼 행동해서 조직의 분위기를 엉망으로 만들고 있다. B라는 사람
은 성격이 매우 좋아 적이 없고 조직의 분위기를 잘 살리고는 있지
만 회사의 수익 창출에 소극적이다. 문제는 공적인 자리는 물론 사
적인 자리에서까지 A가 B를 공격한다는 것이다. 후배 입장에서는

A를 그대로 두자니 조직 분위기가 나빠질 것 같고, A를 인사 조치하자니 수익에 대한 미련이 남는 것이다.

경영을 하다 보면 사람을 선택해야 할 때가 가장 고민스럽다. 서로 다른 장점과 단점을 가지고 있기 때문이다. 조직 전체를 보지 않고 개별적으로 생각하면 답을 찾기가 어려울 때가 많다. 중소기업 경영자들은 이런 경우 인품보다 능력이 더 중요하다고 생각하곤 한다. '꿩 잡는 게 매'라는 말처럼 회사 입장에서는 '돈 많이 벌어오면 됐지 성격 좀 까칠하면 어떠냐'는 식이다.

하지만 한 사람으로 인해 다른 사람들이 모두 불편해한다면 사정은 다를 것이다. 작은 조직일수록 조직의 구심력이 약하다. 가벼운 충격에도 조직이 깨지기 쉽다.

후배에게 『장자』에 나오는 '해군지마(害群之馬)'에 대해 이야기했다. 중국의 전설 속 임금인 황제가 도를 깨우치기 위해 대외를 만나러 가는 길에 길을 잃었다. 여기서 대외는 대도(大道)를 의인화한 것이다.

황제는 길을 찾아 헤매다가 마침 말을 먹이는 목동을 만나 길을 물었다. 황제는 목동의 대답이 신통하다고 느껴 내친김에 천하를 다스리는 방법까지 물어보게 됐다. 목동은 처음에는 거절하다가 "천하를 다스리는 일이 말을 먹이는 일과 무엇이 다르겠습니까? 역시 무리를 해치는 말을 제거해 주면 그뿐일 것입니다"라고 말했다.

황제는 머리를 숙여 큰 절을 두 번 하고는 그 목동을 천사(天師)

라고 칭찬하며 물러갔다. 여기서 유래한 해군지마(害群之馬)는 무리를 해치는 말이라는 뜻이다. 많은 사람에게 해를 끼치는 인물, 또는 사회에 해악을 끼치는 인물을 비유한다. 줄여서 해마(害馬)라고도 한다.

해마를 골라내어 제거하는 것이 통치이고 경영이라는 것이다. 곡식을 수확하기 위해서는 잡초를 뽑아야 한다. 내 편이라고 해마를 방치하거나 오히려 해마를 두둔해서는 안 될 것이다. 해마는 물의를 일으켜 무리를 위태롭게 만들기 때문이다.

당장의 수익보다는 조직의 안정성에 무게를 두어야 한다. 수완보다는 인품을 먼저 고려하는 것이 낫다. 인품을 고치기는 어려워도 능력을 키우는 것은 가능하다. 경영의 구루 피터 드러커는 조직의 목적이 "평범한 사람이 비범한 일을 할 수 있도록 만드는 것"이라고 했다.

한 사람이라도 아쉬운 스타트업에서는 해마의 처리가 가장 큰 고민일 것이다. 해마의 행위가 조직에 악영향을 미치는 것을 항상 경계할 수밖에 없다. 우선 조직과의 조화를 도모할 기회를 줘야 한다. 그래도 개선될 조짐을 보이지 않는다면 어쩔 수 없이 조치를 취해야 한다.

해군지마 : 무리를 해치는 말.

| 害 | 群 | 之 | 馬 |
|---|---|---|---|
| 해할 해 | 무리 군 | 갈 지 | 말 마 |
| 害 | 群 | 之 | 馬 |
| 害 | 群 | 之 | 馬 |
| | | | |
| | | | |
| | | | |

絶 長 補 短

절 장 보 단

## 단점을 지적하기보다 장점으로 덮어주자

긴 것을 잘라다가 짧은 것을 보완한다.
초나라 양왕에게 대신 장신이 올린 충언에서 유래된 말.
사람이든 사물이든 모두 장단점이 있으므로,
장점으로 단점을 보완하면 모두가 소중한 자원이 된다.
단점만 보고 내칠 것이 아니라 장점을 더욱 키워서
단점을 보완할 수 있도록 돕는 것이 현명하다.

미국의 경영학자인 피터 드러커는 현대 경영학을 창시한 학자로 평가받는다. 그는 경제적 재원을 잘 활용하고 관리하면 인간 생활의 향상과 사회 발전을 이룰 수 있다고 생각했다. 산업혁명 이후 등장한 기업이라는 조직을 사회를 구성하는 중요한 조직으로 보았다.

기업은 영리를 추구하는 경제적 조직이지만 또한 사회공동체적 조직으로서 역할을 한다고 주장했다. 경영자는 경제적 재원을 효율적으로 운용하고 관리함으로써 경제적 성과를 산출할 수 있다고 생각했다. 미래에는 지식 사회가 도래할 것이라고 예견하기도 했다.

드러커는 경영이란 한마디로 직원들의 장점을 살리는 것이라고 강조했다.

"사람은 약하다. 가련하리만치 약하다. 그래서 문제를 일으킨다. 조직은 직원의 단점을 보완하기 위해 많은 신경을 쓴다. 그러나 누군가를 고용하는 까닭은 그 사람이 지닌 장점이나 능력 때문이다. 조직의 목적은 사람의 장점을 성과로 연결시키는 것이다. 사람을 매니지먼트 한다는 것은 그 사람의 장점을 살리는 일이다."

중국 전국시대 초나라 양왕이 진나라의 침공을 받아 실의에 빠졌다. 이때 대신 장신은 양왕에게 "옛날 탕왕과 무왕은 고작 백 리 땅에서 나라를 일으켰지만 성세를 이루었습니다. 반면 걸왕과 주왕은 천하가 너무 넓어 오히려 끝내 멸망했습니다. 지금 비록 초나라가 작지만 긴 것을 잘라 짧은 것을 기우면 수천 리가 됩니다. 그러니 탕왕과 무왕의 백 리 땅과 견줄 바가 아니옵니다"라고 말했다. 양왕은 장신의 말에 정신이 번쩍 들었다.

절장보단(絶長補短)의 고사가 여기서 연유했다. 사람이든 사물이든 장점으로 단점을 보완하면 쓸모 있고 소중한 존재가 된다는 의미이다. 누구에게나 장점이 있고 단점이 있다. 단점을 먼저 보면 장점이 보이지 않는다. 약점만 지적당하면 사람들은 의욕도 잃고 사기도 떨어지기 마련이다. 점점 무능한 사람으로 변해갈 수 있다. 반대로 장점을 먼저 보고 살려주면 그 사람도 기를 펴고 조직도 발전하게 된다. 단점보다 장점을 먼저 보고 집중해야 하는 이유이다.

리더는 스스로도 단점을 장점으로 메워야 한다. 한고조 유방이 항우를 꺾고 천하를 얻은 것도 자신의 장점을 잘 살렸기 때문이다. 그는 군사를 직접 호령해 싸우는 재능은 항우에 크게 못 미쳤다. 하지만 뛰어난 인재를 잘 거느릴 줄 알았다. 한마디로 전투를 못하는 단점을 용인의 장점으로 극복한 것이다.

한고조가 어느 날 대장군 한신과 함께 여러 장군들의 재능에 대해 이야기를 나누던 끝에 "과인은 얼마나 많은 군사를 거느릴 수 있겠는가?"라고 물었다. 한신은 깊이 생각하지 않고 곧바로 "아뢰옵기 황송하오나 폐하께서는 한 10만의 군사를 거느릴 수 있습니다"라고 말했다. 그러자 고조는 "그렇다면 그대는 어떠한가?"라고 다시 물었다. 한신은 "신은 많으면 많을수록 좋은 다다익선(多多益善)입니다"라고 당당하게 말했다.

고조는 약간 불쾌했지만 참았다. 고조는 "많으면 많을수록 좋다고? 그렇다면 그대는 어찌하여 10만의 장수감에 불과한 과인의 포로가 되었는고?"라고 비꼬듯이 말했다. 한신은 "폐하께서는 군사를 잘 이끌지는 못해도 장수를 잘 거느립니다. 폐하께서는 병사의 장수가 아니오라 장수의 장수이시옵니다. 이것이 신이 폐하의 포로가 된 까닭입니다"라고 태연하게 말했다.

사람마다 장단점이 다르다. 어떤 일을 하더라도 장점을 살리고 단점을 보완해야 한다. 자신의 재능을 가장 잘 펼칠 때 성공할 수 있다. 무슨 일을 하다가 실패하면 불운을 탓하게 된다. 냉정하게 스스로를 되돌아보아야 한다. 과연 그 일이 나의 장점을 발휘할 수 있는 것이었는지, 아니면 단점만 부각시킨 일이었는지를 반추해야 한다.

절장보단: 긴 것을 잘라다가 짧은 것을 보완한다.

| 絶 | 長 | 補 | 短 |
|---|---|---|---|
| 끊을 절 | 길 장 | 기울 보 | 짧을 단 |
| 絶 | 長 | 補 | 短 |
| 絶 | 長 | 補 | 短 |
| | | | |
| | | | |
| | | | |

## 자격이 있는 이를 후계자로 키워라

즐거움 때문에 촉나라를 생각하지 않는다.
촉나라 황제 유비의 아들 유선의 어리석음을 풍자한 말.
소소한 현실의 만족감 때문에 비전과 미래를 망각한 사람은 큰일을 해내기 어렵다.
성공은 언제나 고난과 함께 한다.
그 고난이 싫다고 당장의 만족을 택할 것인가,
아니면 잊고 있었던 큰 꿈을 향해 나아갈 것인가. 선택은 당신의 몫이다.


대한민국은 모험과 도전의 기업가 정신이 충만했던 나라였다. 경부고속도로, 포항제철, 현대중공업, 현대자동차, 삼성반도체 등은 모두 세계적 전문가들이 한국에서는 불가능하다고 했던 사업들이다. 하지만 한국의 재벌 1세대들은 실패를 두려워하지 않고 각고의 노력으로 무에서 유를 창출했다.

합리적으로 경제적 이익을 추구하기보다 불확실성을 감수하고도 과감하게 투자를 결정했다. 기업인들이 기업가정신으로 똘똘 뭉친 '야성적 충동(Animal Spirit)'을 가졌기에 가능했다. 이런 값진 성공들이 쌓여 '한강의 기적'이 탄생했다.

그러나 언제부터인가 한국의 활기는 바닥으로 곤두박질쳤다. 한국의 기업가 정신 DNA가 어디로 사라진 것일까? 투자할 돈을 가진 재벌의 오너가 3·4세로 넘어오면서 야성적 충동은 많이 사라졌다. 재벌 2세들은 그나마 1세의 고생을 몸소 보면서 자랐기 때문에 고생한 선친이 못 다 이룬 꿈을 실현시키고자 하는 열정을 가졌고, 신사업을 확대했다. 하지만 재벌 3세부터는 현격하게 달라지고 있다. 할아버지와 아버지가 가꾼 부(富)의 왕국에서 태어난 이들은 대부분 처음부터 부족함 없는 신분으로 살아왔다. 이들은 슘페터가 말하는 '창조적 파괴'의 혁신을 추구하기보다는 리스크를 회피하는 것을 중시한다. 등 따시고 배가 부르니 도전정신이 사라진 것일까.

중국 촉나라의 황제 유비가 죽은 뒤 그의 아들 유선이 뒤를 이었다. 제갈량 등 뛰어난 중신들이 세상을 떠나자 무능한 유선은 나라를 제대로 다스리지 못하다가 위나라가 침공하자 스스로 손목을 묶고 성문을 열어 투항했다. 위나라 왕은 유선을 안락공(安樂公)으로 봉해주고 위나라의 도읍에 살게 했다.

하루는 위나라 대장군 사마소가 유선을 초대해 연회를 열어 촉나라 음악을 연주하게 했다. 유선의 수행원들은 음악을 듣고 고향 생각에 애틋한 기색이 역력했지만, 유선만은 전혀 슬픈 기색이 없이 연회를 즐기고 있었다. 사마소가 고국이 그립지 않으냐고 물었더니 유선은 "이렇게 즐거우니 촉나라는 생각나지 않습니다(此間樂 不思

蜀)"라고 답했다. 『삼국지』의 「촉서후주선전(蜀書後主禪傳)」에 나오는 이야기다. 여기서 유래한 낙불사촉(樂不思蜀)은 눈앞의 쾌락이나 향락에 젖어 자신의 본분이나 처지를 망각하는 어리석음을 비유하는 말로 사용된다.

역사를 보면 '1대 창업, 2대 수성, 3대 멸망'이라는 말이 절로 나올 때가 많다. 영명한 군주가 어렵사리 대업을 이루어 놓으면 불과 2·3대를 지나지 않아 왕조가 망한 경우가 허다하다. 후계자를 제대로 교육하지 못한 것과 세대가 넘어가면서 창업 정신이 흐려진 것이 주된 이유로 보인다.

당나라 태종 이세민은 아버지 이연을 도와 수나라를 무너뜨리고 새로운 왕조를 열었다. 당나라의 첫 황제로 즉위한 고조 이연은 장남인 건성을 황태자로 봉했지만 이세민은 형과 동생을 죽이고 황제의 자리에 올랐다. 천하를 평정하고 형제를 제거한 후 제위에 오른 당태종은 늘 수성이 고민이었다. 당태종의 통치 리더십을 정리한 책인 『정관정요(貞觀政要)』에도 이런 고민이 잘 나타나있다. 그는 어느 날 신임하는 대신들에게 물었다.

"경들은 '창업'과 '수성' 중 어느 쪽이 어렵다고 생각하오?"

그러자 우복야(右僕射) 방현령이 대답했다.

"창업은 비 온 뒤의 죽순처럼 일어나는 뭇 영웅들을 제압해야 가능한 일이므로 역시 창업이 어렵다고 생각합니다."

대부(大夫) 위징은 다른 의견을 내놓았다.

"역사를 돌이켜 보건대 임금 자리는 갖은 고난 속에서 어렵게 얻었다가도 안일함 속에서 쉽사리 잃곤 했습니다. 그러므로 수성이 어렵습니다."

두 의견을 듣고 난 태종이 말했다.

"어느 것이 더 어렵고 덜 어렵겠소. 짐은 둘 다 똑같다고 생각하오. 허나 이제 창업의 어려움은 지나갔으니 앞으로 공들과 함께 수성에 힘쓸 것이오."

태종은 수성을 위해 후계자 승계를 잘했을까? 그는 덕망이 높은 황후 장손씨와의 사이에 아들을 셋 두었다. 황태자가 된 것은 장남인 승건이었으나 방탕한 생활에 빠져 있었다. 반면 4남 태는 어렸을 때부터 총명하고 학문을 좋아했기 때문에 태종은 황태자를 태로 바꾸고 싶어 했다. 이 사실을 짐작한 승건과 태 사이에 심각한 권력다툼이 일어났고, 결국 황태자가 된 것은 9남인 치였다. 그가 바로 당의 제3대 황제인 고종인데, 불행하게도 그는 세 형제 가운데서 가장 재능이 없는 아들이었다.

태종의 이 같은 선택은 그가 그토록 걱정했던 이씨 정권의 종묘사직이 잠시나마 무씨 정권으로 넘어가는 비운을 맞게 했다. 태종의 후궁이었던 무측천이 아들인 고종의 황후가 되면서 권력을 잡았고, 장손씨 일가를 죽이고 황족들의 실권을 차례로 빼앗았다. 고종이 33세 때 병세가 심해지자 정사는 아예 무측천에게 넘어갔고, 고종이 죽자 무측천은 아들들을 대신해 섭정을 하다가 결국 스스로 여황제에 오른다.

역사는 창업보다 수성이 어렵다는 사실을 반복해서 보여준다. 수성이 어려운 것은 창업에 참여한 사람들이 사라지고 새로운 사람들이 대를 이으면서 업에 대한 의지가 그만큼 약화되기 때문이다. 기업가 정신이 사라진 기업은 오래 유지될 수 없다. 기업이 지속 성장하기 위해서는 수성을 제대로 할 수 있는 후계자를 키우는 것이 무엇보다 중요하다. 능력과 상관없는 상속은 위험을 자초할 수 있다.

낙불시촉 : 즐거움 때문에 촉나라를 생각하지 않는다.

| 樂 | 不 | 思 | 蜀 |
|---|---|---|---|
| 즐길 락 | 아닐 불 | 생각 사 | 나라이름 촉 |
| 樂 | 不 | 思 | 蜀 |
| 樂 | 不 | 思 | 蜀 |
|  |  |  |  |
|  |  |  |  |
|  |  |  |  |

# 橫渠撤皮

## 횡 거 철 피

## 물러날 시기를 안다는 것

장횡거가 가죽 자리를 거두다.
송나라의 대학자 장횡거가 후학을 키운 후
과감히 활동을 접고 돌아간 것에서 유래한 말.
세상만사에는 생로병사가 있다.
물러날 때 물러나지 않고 남아서 오기를 부리면 과거의 영광마저 쇠할 수 있다.
리더는 나아갈 때를 알아야 하는 것처럼 물러날 때도 알아야 한다.
아름다운 은퇴를 준비하자.

주식 투자를 할 때 종목 선택보다 중요한 것은 타이밍 포착이다. 매수 타이밍과 매도 타이밍을 제대로 선택해야만 수익을 낼 수 있다. 자리도 마찬가지다. 어떤 자리를 차지하든 언젠가는 물러나야 한다. 이왕 물러나야 한다면 제때 물러나는 것이 중요하다. 높은 자리에 있는 사람들 중에는 자신의 부족함을 알지 못하고 자리에 연연하는 이가 많다. 권력과 명예, 그리고 돈에 대한 사람의 욕망은 끝이 없지만 주변을 둘러보고 물러나야 할 시점을 잘 판단해야 뒤탈을 줄일 수 있다.

물러날 때를 알면 위태롭지 않다는 뜻의 '횡거철피(橫渠撤皮)'라는 말이 있다. 중국 송나라의 대학자인 장횡거(張橫渠)로부터 유래했다. 장횡거는 당대 최고의 철학자이자 과학자였다. 그는 저서 『정몽(正蒙)』에서 "땅이 하늘을 따라 왼쪽 방향으로 돈다"라며 지동설을 설파했는데 이는 코페르니쿠스가 지동설을 발표한 것보다 약 500년이나 앞선 것이다. 그는 또 호랑이 모피를 깔고 앉아 벌이는 강연으로도 유명했다.

어느 날 저녁 정씨 성을 가진 젊은 형제가 그를 찾아와 함께 유교 경전인 『주역』에 대해 토론을 벌였다. 다음 날 장횡거는 강의할 때 깔고 앉던 호랑이 모피를 거두고 사람들에게 이렇게 말했다.

"내가 지난 날 강의한 것은 도를 혼란하게 한 것이니라. 두 정씨가 나를 찾아 도를 밝게 알고 있어 내가 미칠 수 있는 바가 아니었다. 그대들은 그 정씨 성을 가진 젊은 학자들을 스승으로 삼을 만하다."

그는 이 말을 남기고 수도를 떠나 곧장 고향 섬서성으로 돌아갔다. 장횡거가 이렇게 호피를 거두는 철피(撤皮)를 했다고 해서 횡거 철피라는 말이 생긴 것이다. 장횡거는 낙향한 후에도 그가 말한 '두 정씨'인 정호(程顥), 정이(程頤)와 함께 송나라 유학인 성리학의 기초를 세운 대학자로 존경을 받았다. 장횡거의 일화는 중국뿐 아니라 조선에서도 학자들의 귀감이 되었다. 실학자 이덕무는 장횡거의 행적을 본받아 호피를 걸어 내는 일에 인색하지 않도록 후학들을 가르쳤다.

공을 세워 사업을 성취한 뒤에는 그 자리에 머물러 있지 아니하고 물러나야 한다는 공성신퇴(功成身退)라는 말이 있다. 사람들은 마침내 바라던 바를 성취했어도 미련을 갖는다. 하지만 『도덕경』은 미련을 버리고 공성신퇴를 취하라고 말하고 있다.

"쥐고 있으면서도 더 채우려 하는 것은 그만두느니만 못하다. 담금질을 통해 이미 날카로워졌는데도 더 날카롭게 만들려고 하면 오히려 오래 보존할 수 없다. 금옥(金玉)이 방 안에 가득 차면 지켜낼 수 없고, 부귀하여 교만하면 스스로 허물을 남기게 된다. 공을 이루어 명성을 떨치게 되면 이내 뒤로 물러나는 것이 하늘의 이치에 부합한다."

기업 총수가 제때 물러나지 않고 자리를 차지하고 있다가 낭패를 보는 경우가 많다. 미리 후계자를 정해 물려주지 않은 대가를 톡톡히 치른 기업도 있다. 형제 간에 벌어지는 처절한 경영권 분쟁은 목불인견(目不忍見)이다. 힘이 있을 때 후계 구도를 정확하게 만들어 주고 물러났더라면 하는 아쉬움이 남는다.

요즘 세상에 돈과 권력이 있는 자리를 포기하기는 쉽지 않다. 하지만 동식물이 그러하듯 만물은 신진대사를 한다. 신진대사의 순리에 따라 물러날 때를 놓치지 말아야 한다. 자리에 연연하다 보면 기존에 쌓았던 명성마저 무너뜨리기 십상이다. 의지를 갖고 힘차게 나아간 것처럼 물러날 때도 의지를 갖고 당당하게 물러나야 한다.

횡거철피 : 장횡거가 가죽 자리를 거두다.

| 橫 | 渠 | 撤 | 皮 |
|---|---|---|---|
| 가로 횡 | 개천 거 | 거둘 철 | 가죽 피 |
| 橫 | 渠 | 撤 | 皮 |
| 橫 | 渠 | 撤 | 皮 |
| | | | |
| | | | |
| | | | |

# 어떤 조직이 끝까지 살아남는가

−지속 가능한 성장을 원하는 당신을 위한 한마디

## '악마의 변호인'을 두라

집단의 구성원들이 의견 일치에 집중한 나머지
비판적 생각을 하지 않게 되는 현상.
1972년 미국의 심리학자 어빙 재니스가 주창한 개념.
일사불란하게 움직이는 조직은 당장의 성과는 잘 내지만,
변화하는 상황을 제대로 인지하고 대응하는 데에는 약하다.
발전은 언제나 정반합의 과정을 거쳐 이뤄진다.
'반'을 인정하지 않으면 절대 '합'은 만들어지지 않는다.

　응집력이 높은 소규모 조직에서는 결론을 빨리 내려는 경향이 있
다. 대안을 분석하거나 이의를 제기하기보다 일사천리로 합의를 도
출하려고 한다. 이런 현상이 지속되면 조직은 집단사고(集團思考)
에 빠지게 된다. 집단사고는 의사 결정 과정에 나타나는 '집단 착각
현상'이다. 집단사고에 빠진 조직은 새로운 정보나 변화에 민감하
게 반응하지 못해 상황적응 능력이 떨어지게 된다.

　집단사고는 1972년 미국의 심리학자 어빙 재니스에 의해 명명됐
다. 재니스는 "결속력이 강한 집단일수록 의사 결정 때 '만장일치

의 환상'에 사로잡혀 다른 의견을 무시하려는 경향이 짙다. 집단사고는 자신들의 결정이 옳다고 과신하는 '무오류의 착각'을 일으켜 일을 그르칠 개연성이 크다"고 지적했다.

당나라 태종이 어느 날 위징에게 "어떻게 해야 일을 공정하게 처리하고 잘못을 저지르지 않겠는가?"라고 물었다. 이에 위징은 "군주가 현명해지는 것은 여러 사람의 의견을 두루 듣기 때문이고, 아둔해지는 것은 주로 한 사람의 의견만을 경청하기 때문입니다"라고 답했다. 사람은 주로 듣고 싶은 것만 듣는 선택적 경청을 한다.

리더가 권위적일수록 선택적 경청 현상이 심해질 가능성이 커지고, 그만큼 집단사고의 위험에 노출되기 쉽다. 집단의 구성원은 권위적인 리더가 선호하는 대안에 반대하지 못하기 때문이다. 재니스는 집단사고의 폐해를 막을 대안으로 집단 내부에 반론과 이의를 전문적으로 제기하는 '악마의 변호인'을 두라고 조언했다.

세종대왕은 32년 재위 기간 중 총 9,000회의 경연(經筵)을 펼쳤다고 한다. 경연은 신하들이 임금을 가르치는 자리이다. 세종은 이때 특이한 방법을 사용했다. 나이 든 관료들과 집현전의 젊은 학자들을 동시에 참여시켰다. 그리고는 꼭 싸움을 붙였다. 현안 문제에 대해 격렬한 토론 과정을 거치게 함으로써 정반합을 도출하는 방식을 사용한 것이다.

세종은 이를 위해 '견광지(絹狂止)'라는 방법을 사용했다. 견은 '하지 말자'는 반대의 뜻이다. 광은 '해 보자'는 찬성이다. 지는 잠

깐 쉬고 '다시 생각해 보자'는 것이다. 고위 관료들은 대체로 "아니 되옵니다"를 외쳤다. 집현전 학자들은 "해 봅시다"라고 우겼다. 세종은 일방적으로 어느 한 쪽 편을 들지 않았다. 왜 안 된다고 하는지, 왜 해 볼 만하다고 하는지를 모두 들어본 다음 이 둘을 통합할 방법은 없는지 고민했다.

또한 국왕의 잘잘못을 서슴없이 직언할 수 있는 분위기를 유도해 좋은 아이디어를 이끌어냈다. 세종대왕은 특히 강직한 성격의 허조에게 '악마의 변호인' 역할을 맡겼다. 그는 회의 때마다 최악의 경우를 상정해 문제를 집요하게 파고드는 성격이었다. 모두가 조정의 집단사고 병폐를 경계하기 위한 지혜이다.

에릭 슈밋 구글 회장은 『구글은 어떻게 일하는가(How Google Works)』에서 반대할 의무를 강조한다. 그는 "실력주의가 자리 잡으려면 '반대할 의무'가 존재하는 문화가 필요하다. 어떤 아이디어에 잘못이 있는데도 반대 의견 없이 채택되면 비난받아 마땅하다. 일반적으로 사람들은 반대 의견을 내세울 때 불편해한다. 바로 이것이 반대 의견이 선택사항이 아니라 의무가 되어야 하는 이유다"라고 말했다.

집단사고에 빠지지 않기 위해서는 반대 의견을 제시하는 조직 문화를 정착시켜야 한다. 컨설팅 기업 매킨지는 "매킨지의 모든 컨설턴트는 어떤 일이 정확하지 않거나 고객의 이익에 반한다고 생각할 때 누구나 반대할 의무가 있다. 모든 사람의 의견은 존중받아야 한다"라는 내부 규정을 공지하고 있다.

냉전(cold war)이라는 말을 유행시킨 미국의 저명한 저널리스트인 월터 리프먼은 "모든 사람이 비슷한 생각을 할 때면 아무도 진지하게 생각하지 않는다"고 말했다. 의사 결정에 있어서 만약 다른 의견이 나오지 않는다면 병든 조직이라는 증거이다.

이를 결정하는 것은 결국 리더이다. 통상적으로 회의는 리더가 주재한다. 리더가 먼저 방향을 제시하는 모두 발언을 하거나 심지어 구체적인 아이디어를 먼저 말하는 경우도 있다. 이렇게 이미 해답을 내놓고 회의를 통해 아이디어를 구하는 방식은 집단사고를 부추기는 것이다. 리더가 어떤 아이디어에 대해 성급하게 좋다든가 싫다든가 하고 입장을 밝히면 그것을 뒤집기가 쉽지 않다.

리더는 가급적 먼저 말을 하지 말아야 한다. 여러 사람의 의견을 먼저 구해야 한다. 그들의 의견을 경청하고 좋은 점이 있으면 반드시 이를 채택한다는 마음가짐으로 임해야 한다. 회의의 성격에 따라서는 정해진 결론을 가지고 다시 한 번 점검하는 경우도 있을 수 있다. 이때도 리더가 먼저 자기의 의사를 말해서는 안 된다. 리더의 속마음이 노출되는 순간 리더의 뜻에 반하는 의견이 나오기가 힘들다. 다들 눈치를 보면서 아부하거나 침묵하게 될 것이다. 현명한 경영자라면 세종대왕의 경연 방식을 롤 모델로 채택할 만하다.

집단사고 : 집단의 구성원들이 의견 일치에
집중한 나머지 비판적 생각을 하지 않게 되는 현상.

| 集 | 團 | 思 | 考 |
|---|---|---|---|
| 모을 집 | 둥글 단 | 생각 사 | 생각할 고 |
| 集 | 團 | 思 | 考 |
| 集 | 團 | 思 | 考 |
| | | | |
| | | | |
| | | | |

## 썩은 사과는 혼자 썩지 않는다

한 명을 벌함으로써 백 명을 깨우쳐주다.
『손자병법』으로 유명한 손무가 활용한 조직 운영 방법이다.
리더는 인간적이어야 하지만 물러 터져서는 안 된다.
물러 터진 리더십의 빈틈을 타고 조직을 썩게 만드는 독소가 퍼진다.
원칙은 원칙이다.
조직을 살리는 것은 착한 리더가 아니라 원칙 있는 리더다.


어느 조직이건 간에 조직을 해치는 문제 인물은 있기 마련이다. 한마디로 '똘아이'라고 불리는 사람들이다. 누구나 문제 인물로 지목하는 사람은 오히려 문제가 안 될 수도 있다. 모두 다 그를 기피하고 경계를 하기 때문이다. 정말 문제의 인물은 윗사람으로부터는 어느 정도 인정을 받지만 아랫사람들이 학을 떼는 사람이다. 위에서 내려다보기에는 탐스러워 보이지만 그 아랫면을 들춰 보면 시커멓게 썩어 있는 '썩은 사과' 같은 존재다.

이러한 문제 인물을 보유한 조직은 도미노처럼 순차적으로 썩기 쉽다. 썩은 사과 한 알을 며칠간 방치했다간 사과 상자 전체가 썩어 버리는 것과 똑같은 이치이다. 썩은 사과는 어떤 상자로 옮겨도 결국 다른 사과를 썩게 만든다. 경영학자인 미첼 쿠지 박사와 심리학자인 엘리자베스 홀로웨이 박사는 이 같은 문제를 연구해 『당신과 조직을 미치게 만드는 썩은 사과(Toxic Workplace)』라는 책을 저술했다.

썩은 사과는 도처에 존재하지만 쉽게 드러나지 않는다. 그들은 두 얼굴을 가지고 있기 때문이다. 썩은 사과를 골라내려면 그들의 교묘한 행동 패턴을 파악해야 한다. 그들의 행동은 창피 주기, 소극적 적대 행위, 업무 방해 등의 유형으로 나타난다.

조직에서 '썩은 사과'의 유형은 다양하다. 친인척 덕에 낙하산으로 입사해 위세를 부리는 사람, 전문 지식이나 업무 수완으로 남을 핍박하는 사람, 윗사람에겐 아첨하고 아랫사람에겐 횡포를 부리는 사람, 불필요한 경쟁과 긴장을 유발하는 사람, 조직의 목표와 무관하게 개인의 영달만 추구하는 사람 등등. 겉으로 보기에는 멀쩡한 것처럼 보이는 썩은 사과는 사이코패스와 같은 잔인함, 마키아벨리와 같은 음흉함, 나르키소스와 같은 도취감으로 주변 사람을 괴롭힌다.

겉으로 드러나는 손실은 빙산의 일각에 불과하고 실제로는 상상을 뛰어넘는 손실을 초래할 수 있다. 썩은 사과는 결코 혼자 썩지 않는다. 그들의 오염 속도는 빠르고 강하다. 썩은 사과는 절대 회복할 수 없다. 충고와 조언은 시간 낭비에 불과하다.

전국시대의 병법가 손자는 일벌백계(一罰百戒)로 군기를 잡았다. 오나라의 왕 합려는 손자를 장군으로 기용하기에 앞서 시험을 했다. 궁녀 180명을 모아서 지휘를 하도록 한 것이다. 손자는 궁녀들을 2개 중대로 나눠 왕의 총희(寵姬) 두 사람을 각각 중대장으로 삼고 나머지 궁녀들에게는 창을 들게 한 후 제식훈련을 시켰다. '앞으로, 뒤로, 좌로, 우로' 등 기본 동작을 알려 주고 군령을 선포하고 군고를 쳐서 명령을 내렸다. 하지만 궁녀들은 따라 하지 않고 크게 웃을 뿐이었다.

손자는 군령이 분명하지 않아 명령이 제대로 전달되지 못한 것은 장군의 책임이라며 훈련의 요령을 반복해서 상세하게 설명했다. 그러고 나서 다시 군고를 쳐서 호령했다. 하지만 이번에도 궁녀들은 크게 웃을 뿐이었다. 손자는 "군령이 분명하여 명령이 제대로 전달되었는데도 따르지 않는 것은 중대장의 책임이다"라고 선을 그은 후 칼을 뽑아 중대장 역할을 맡은 두 총희를 베려고 했다.

단상 위에서 이것을 보고 있던 합려가 전령을 보내 "장군의 용병술을 잘 알았으니 그들을 용서해 줄 수 없을까"라는 뜻을 전했다. 손자는 "신이 이미 명령을 받아 장군이 되었습니다. 장군은 진중에 있는 한 임금의 명령이라 할지라도 들을 수 없는 경우가 있습니다"라고 말했다. 손자는 두 총희의 목을 베어버리고는 차석의 시녀를 다시 중대장으로 삼았다. 그리고 군고를 치자 궁녀들은 이번에는 수족처럼 움직였다. 어느 누구도 감히 웃거나 떠들지 않았다.

썩은 사과로부터 팀과 팀원들을 보호하려면 썩은 사과가 발붙일 수 없는 조직으로 변화해야 한다. 조직을 바꾸기 위해서는 우선 가치를 공유해야 한다. 공식 문서에도 가치를 명시하는 것이 좋다. 새로운 인사 평가 기준을 마련하고 다면 평가와 같은 전 방위적 평가 시스템을 도입해야 한다. 리더십 과정에 외부 전문가를 초청해서 교육을 시키고 보고 체계를 뛰어넘는 소통 구조를 만들어야 한다. 무엇보다도 이를 실천하려는 리더십이 필요하다.

로버트 서튼 스탠퍼드대 교수는 "조직 내 소수에게서 보이는 탁월함을 조직 전체로 확산시키기 위해 꼭 필요한 일이 있다. 그것은 바로 악행을 제거하는 것이다"라고 말했다. 그 이유는 "악행의 영향력은 선행의 다섯 배에 이른다는 5대 1의 법칙 때문"이라고 설명했다. 악행은 전염병처럼 급속하게 조직에 퍼지기 때문에 이를 방치하면 위대한 기업이 될 수 없다는 게 서튼 교수의 주장이다.

서튼 교수는 "위대한 리더의 스타일은 각양각색이지만 악행을 없애려 한다는 한 가지 공통점이 있다"며 "이는 마치 품질 관리자가 무결점을 추구하는 것과 마찬가지다"라고 말했다. 서튼 교수는 한 명의 악질이 조직 내 성과를 30퍼센트나 떨어뜨린다며 기업마다 '악질 제로 규정(No Asshole Rule)'을 만들어 실천해야 한다고 주장했다.

일벌백계 : 한 명을 벌함으로써 백 명을 깨우쳐주다.

| 一 | 罰 | 百 | 戒 |
|---|---|---|---|
| 한 일 | 벌할 벌 | 일백 백 | 경계할 계 |
| 一 | 罰 | 百 | 戒 |
| 一 | 罰 | 百 | 戒 |
| | | | |
| | | | |
| | | | |

見 蚊 拔 劍

견 문 발 검

## 모기 잡겠다고 칼을 뽑을까

모기를 보고 칼을 뽑는다.
강력한 리더십을 보여주는 것을 넘어 '오버'하는 경영자들을 종종 본다.
원칙과 절차까지 무시하고 과도한 칼을 휘두르는 것은
리더십을 강화하는 것이 아니라 오히려 좀먹게 만드는 지름길이다.
필요할 때 필요한 조치를 적합하게 취하는 것이 리더의 능력이다.

사장이 월요일 아침에 출근하자마자 IT본부 직원들을 불러 모았다. 회사가 원하는 IT 수요가 많아 업무가 밀렸는데도 IT부서 직원들은 최근 정시에 퇴근하고, 주말에도 당번을 제외하고는 모두 규정대로 휴무를 했다. 사장은 직원들이 야근도 하고 주말근무도 해서 빨리 밀린 업무를 처리해 주기를 바랐다.

하지만 본부장은 오히려 직원들의 애로사항과 함께 직원 수가 부족하다는 것을 사장에게 건의했다. 본부장이 직원들을 꾸짖어 일을 열심히 해주길 기대했던 사장은 화가 치밀어 본부장의 보직을 해임하고 대기발령을 내렸다.

IT본부 직원들도 할 말이 있었다. 그동안 야근도 하고 주말근무도 했지만 폭주하는 업무를 도저히 소화할 수 없었고, 직원을 충원하든지 아니면 일부 업무를 아웃소싱 하는 것을 회사 측에 건의해 왔다. 하지만 모두 묵살되는 바람에 다들 '어차피 업무는 계속 밀린다'며 정시퇴근을 하는 분위기가 형성됐던 것이다.

이런 와중에 직원들의 애로사항을 두둔한 본부장이 졸지에 인사조치를 당하자 직원들은 긴장했다. 다시 일하는 시간이 늘어나고 주말근무도 하기 시작했다. 하지만 성과는 달라지지 않았다. 직원들의 업무 효율성이 오히려 떨어졌기 때문이다. 이 조직의 미래는 앞으로 어떻게 될까?

모기를 보고 칼을 뽑는다는 견문발검(見蚊拔劍)이라는 말이 있다. 별것 아닌 일에 과도한 대응을 하는 우둔함을 의미한다. 자신에게 주어진 칼과 창을 함부로 휘두르는 리더가 있다. 화를 참지 못하고 즉흥적인 징계를 하는 것이다.

한 번 내뱉은 조치를 쉽게 물릴 수도 없는 노릇이다. 물론 일부 재벌 그룹의 총수처럼 임원을 그만두게 했다가도 안 보이면 다시 찾을 수는 있지만, 현명한 리더라면 징계를 함부로 하면 안 된다. 징계를 당하는 직원의 인격을 존중해야 함은 물론 조직의 분위기를 살펴야 한다.

중국 춘추시대 제나라의 경공은 새 사냥을 좋아해서 사로잡은 새를 왕궁 뒤뜰에 두고 촉추에게 관리하도록 했다. 어느 날 경공은 뒤뜰에서 몇 마리 진귀한 새들이 보이지 않는 것을 발견했다. 그는 황급히 촉추를 불렀지만 촉추는 새가 날아가 버린 까닭을 알지 못한 채 놀라 두려움에 떨고 있었다. 화가 난 경공은 새 관리를 잘못한 촉추를 죽이라고 명했다. 그러자 재상인 안자가 나섰다.

"촉추는 세 가지 죄를 저질렀습니다. 청컨대 그 죄가 무엇인지를 낱낱이 알려주고 나서 처형을 하시는 게 옳을 듯합니다."

경공이 허락하자 안자는 촉추를 다시 경공 앞에 불러 앉히고 그의 죄를 따졌다.

"촉추, 그대는 폐하를 위하여 새를 관리하다 놓쳤다. 이것이 그대의 첫 번째 죄이다. 폐하가 새 때문에 살인을 하게 만들었다. 이것이 그대의 두 번째 죄이다. 제후들에게 이 소문이 퍼져 나가 폐하를 새는 중히 여기면서 선비는 가벼이 여기는 인물로 비치게 만들었다. 이것이 그대의 세 번째 죄이다."

안자는 이렇게 촉추를 꾸짖고 경공에게 "촉추에게 죄목을 설명했으니 이제 사형을 집행하시지요"라고 말했다. 그러자 경공은 황급히 말했다.

"그자를 죽이지 마시오. 과인이 그대의 말을 들을 것이오."

문제가 있는 간부에 대해서는 징계를 하는 것이 맞다. 신상필벌(信賞必罰)이 분명해야 조직이 안정되고 리더십도 생긴다. 그러나 중요한 것은 상을 주든지 벌을 주든지 간에 조직원들이 납득할 수 있어야 한다는 점이다. 친인척이라고 봐 주거나, 아끼는 간부라서 잘못을 덮어주는 것은 바람직하지 않다.

중간 간부들 중에는 앞서 징계를 당한 IT본부장과는 정반대로 행동하는 경우가 많다. 윗사람으로부터 질책을 받으면 그것을 고스란히 아랫사람에게 옮긴다. 위로부터의 지시나 질책을 한 번 소화해서 아랫사람에게 내려 보내는 게 아니라 여과 없이 그대로 전달하는 것이다. 그러면서 본인도 엄청 힘들다고 푸념을 한다. 부하의 공을 자신의 것으로 둔갑시키고 자신의 과를 부하들에게 떠넘긴다. 부하들을 힘들게 하지만 윗사람의 비위를 맞추는 데는 선수다.

조직에서는 이런 사람이 곳곳에 암초처럼 존재한다. 이런 중간간부가 사장의 눈에는 충성심이 강한 것으로 잘못 비칠 수 있다. 결국 이를 못 견디는 유능한 직원들은 하나둘씩 회사를 떠나고 만다.

징계를 하기 전에 전후 사정을 잘 살펴야 한다. 현명한 사장이라면 문제가 있는 본부의 본부장을 미리 불러 사정을 듣고 자신의 속마음을 털어놓아야 한다. 그리고 본부장이·직원들과 함께 스스로 해결책을 찾도록 기회를 줘야 한다. 사장이 절차를 무시하고 불같은 행동을 하면 직원들의 충성심만 사라지게 된다. 공포 분위기를 조성한다고 성과가 반드시 좋아지는 것은 아니다. 읍참마속은 하되 견문발검은 신중해야 한다.

견문발검 : 모기를 보고 칼을 뽑는다.

| 見 | 蚊 | 拔 | 劍 |
|---|---|---|---|
| 볼 견 | 모기 문 | 뽑을 발 | 칼 검 |
| 見 | 蚊 | 拔 | 劍 |
| 見 | 蚊 | 拔 | 劍 |
| | | | |
| | | | |
| | | | |

## 루머는 언제 생겨나는가

세 사람이 모이면 없는 호랑이도 만든다.
위나라 혜왕과 신하 방총의 고사에서 유래된 말.
루머는 개인의 삶을 망치고, 조직 전체를 무너뜨린다.
근거 없는 이야기가 한두 번 들린다고 해서 안심할 것이 아니다.
잘못된 것을 바로잡는 것은 미루지 말고,
루머가 생겨날 틈 없이 모두 공개하라.

기업 경영을 하다 보면 엉뚱한 소문에 곤혹을 치를 때가 종종 생긴다. 사내에서 생기는 크고 작은 악성 루머는 거의 다 오해에서 비롯된다. 사내에서 나쁜 소문이 도는 것은 정보의 흐름이 원활하지 않기 때문이다.

이 같은 상황을 예방하려면 경영진이 평소에 적극적으로 소통을 하는 것이 좋다. 회사의 중요한 영업 비밀이나 특허처럼 보안이 필요한 사항이 아니면 가급적 정보를 공개하는 게 바람직하다. 본부장 회의나 부서장 회의에서 나온 얘기도 부서원들에게 적절하게 전달하는 시스템이 필요하다. 특히 인사 문제는 원칙과 방향에 대해 직원들과 공유하는 것이 후유증을 최소화하는 방책이다.

이데일리 경영을 맡아 하고 있을 때 뉴욕에 특파원을 보내기로 했다. 선발 원칙을 정하고 사내외에 특파원을 공모한다는 공지를 했다. 며칠 후 사내에서는 이상한 소문이 돌았다. 특파원으로 외부 인사를 이미 내정해 놓고 이른바 '쇼'를 한다는 것이다.

당시 이데일리는 외부 인재 영입을 늘리던 시점이라 특파원도 사내는 물론 사외 인재에게까지 기회를 주고자 했던 것이다. 그러자 이데일리에 합류하려던 누군가가 미리 자신이 특파원으로 가서 이런저런 일을 하겠다는 생각을 떠벌리고 다닌 모양이었다. 이것이 와전되어 사실과 다른 소문이 순식간에 회사 전체로 퍼진 것이다.

특파원 지원자 후보군에게 소문은 사실이 아님을 설명하고 정정 당당하게 지원할 것을 당부했다. 결국 특파원은 꼼꼼한 심사를 거쳐 내부 기자 중에서 선발됐지만, 자칫 엉뚱한 소문으로 회사가 크게 휘청거릴 뻔했다.

공자의 제자인 증자의 이름은 증삼(曾參)인데 그의 이름을 딴 '증삼살인(曾參殺人)'이라는 말이 있다. 젊었을 때 증자가 사는 지역에는 똑같이 증삼이라는 이름을 가진 다른 사람이 살고 있었다. 그런데 그 증삼이 살인을 저질렀다. 한 사람이 증자 어머니에게 허겁지겁 달려와 "증삼이가 사람을 죽였습니다"라고 했다. 베틀에 앉아 있던 증자의 어머니는 이 말을 듣고도 "우리 아들이 사람을 죽일 리 없습니다"라며 태연하게 계속 베를 짰다.

얼마 후 또 한 사람이 뛰어 들어오며 "증삼이 사람을 죽였습니다"라고 말했다. 증자의 어머니는 이번에도 미동도 않았다. 얼마의 시간이 또 지나서 어떤 사람이 숨을 헐떡이며 뛰어 들어와 "증삼이 사람을 죽였습니다!"라고 외쳤다. 그러자 이번에는 어머니도 두려움에 떨며 베틀의 북을 내던지고 담을 넘어 현장으로 달렸다. 효자 아들을 철석같이 믿었던 어머니도 세 사람의 잇따른 의심에 의해 무너진 것이다. 『전국책』에 나오는 증삼살인에 대한 이야기다.

비슷한 뜻의 고사성어로 '삼인성호(三人成虎)'라는 말이 있다. 세 사람이 호랑이를 만든다는 뜻으로 『한비자』의 「내저설(內儲說)」과 『전국책』 「위책 혜왕(魏策 惠王)」에 나오는 이야기다. 전국시대 위나라 혜왕은 조나라와 화친을 맺고 관행에 따라 태자를 조나라에 볼모로 보내게 됐다. 혜왕은 태자를 타국에 홀로 보낼 수 없어 돌봐줄 후견으로 중신인 방총을 뽑았다. 방총은 하직 인사를 하면서 임금에게 이렇게 물었다.

"전하, 지금 누군가가 저잣거리에 호랑이가 나타났다고 한다면 믿으시겠습니까?"

"그런 터무니없는 소리를 누가 믿겠소."

"그러면 또 한 사람이 같은 소리를 한다면 믿으시겠습니까?"

"역시 믿지 않을 거요."

"만약 세 번째 사람이 똑같은 말을 아뢰어도 믿지 않으시겠습니까?"

"그땐 믿을 수밖에 없겠지."

이 말을 들은 방총은 간곡한 목소리로 말했다.

"전하, 세 사람이 입을 맞추면 없는 호랑이도 만들어집니다. 신은 이제 태자마마를 모시고 조나라로 떠납니다. 신의 빈자리에 온기가 사라지기도 전에 아마도 신을 비방하는 사람은 셋 정도에 머물지 않을 것입니다. 아무쪼록 전하께서는 이 점을 참작해 판단해 주시길 바랍니다."

혜왕은 고개를 끄덕이며 절대 그런 일이 없을 것이라고 말했다. 방총의 예상대로, 태자를 모시고 떠난 지 얼마 되지 않아 그를 헐뜯는 참소가 임금의 귀를 어지럽히기 시작했다. 혜왕은 처음에는 이를 일축했지만 같은 소리가 두 번, 세 번 이어지자 어느덧 자기도 모르게 방총을 의심하게 됐다. 결국 몇 년 후 태자가 풀려나 귀국했지만 방총은 끝내 돌아올 수 없는 신세가 되고 말았다.

경영의 구루들이 투명 경영을 강조하는 이유는 여기에 있다. 거짓이 독버섯처럼 자라지 않으려면 소통을 제대로 해야 한다. CEO가 아무리 소통을 강조해도 중간 간부급에서 막히는 경우도 많다. 부서 직원들에게 회사의 소식을 제대로 전하지 않고, 반대로 직원들의 애로사항을 위에 제때 건의도 안 하고 있다가 일을 키우는 것이다. 이런 경우를 방지하기 위해 다면적인 소통 구조를 만들어 나갈 필요가 있다. 수시로 전체 공지를 띄워 쓸데없는 루머가 생기지 않도록 예방하는 것이 좋다.

삼인성호 : 세 사람이 모이면 없는 호랑이도 만든다.

| 三 | 人 | 成 | 虎 |
|---|---|---|---|
| 석 삼 | 사람 인 | 이룰 성 | 범 호 |
| 三 | 人 | 成 | 虎 |
| 三 | 人 | 成 | 虎 |
| | | | |
| | | | |
| | | | |

解 弦 更 張

해 현 경 장

## 조직의 피로도가 쌓일 때

거문고 줄을 풀어 팽팽하게 고쳐 매다.
유학자 동중서가 한무제에게 올린 「원광원년거현량대책」에 등장하는 말.
거문고 줄이 느슨하면 아무리 뛰어난 연주자도 제대로 연주할 수 없다.
조직은 때때로 경장이 필요하지만,
말뿐인 경장은 오히려 더 큰 나태함을 부른다.
쉽게 경장을 말하지 말되, 시작했다면 확실하게 개혁하라.

경영을 하다 보면 조직의 피로도가 쌓이고, 타성에 젖어 일의 능률이 현저히 떨어질 때가 생긴다. 최고경영자들은 싫든 좋든 임직원들에게 긴장을 불어넣는 작업을 해야 한다. 이럴 때 등장하는 말이 해현경장(解弦更張)이다. 거문고 줄을 풀어 다시 팽팽하게 맨다는 뜻이다. 중국 한나라 때 동중서가 무제에게 올린 「현량대책(賢良對策)」에서 유래된 말이다.

경제(景帝)에 이어 즉위한 무제는 국사를 운영하면서 수시로 동중서에게 조언을 구했다. 대륙을 통일한 한나라는 나라를 반석 위에 올려놓는 일이 급했다. 무제가 이를 위해 널리 인재를 등용하려 하자 동중서는 「원광원년거현량대책(元光元年擧賢良對策)」이라는 글을 올렸다. 그 가운데 다음과 같은 구절이 있다.

"지금 한나라는 진나라의 뒤를 계승하여 썩은 나무와 똥이 뒤덮인 담장과 같아서 잘 다스리려고 해도 어찌할 도리가 없는 지경입니다. 비유하자면 거문고를 연주할 때 소리가 조화를 이루지 못하는 상황이 심해질 때 반드시 줄을 풀어서 고쳐 매어야 제대로 연주할 수 있는 것과 같습니다. 마찬가지로 정치도 행하여지지 않는 경우가 심해지면 반드시 옛것을 새롭게 변화시켜 개혁하여야만 제대로 다스려질 수 있는 것입니다. 줄을 바꿔야 하는데도 바꾸지 않으면 훌륭한 연주가라 하더라도 조화로운 소리를 낼 수 없으며, 개혁하여야 하는데도 실행하지 않으면 대현(大賢)이라 하더라도 잘 다스릴 수가 없는 것입니다."

이후 해현경장은 주로 정치·사회적 개혁을 의미하는 말로 사용됐다.


조선 26대 고종은 1894년 갑오경장을 단행했다. 군국기무처를 통해 재래의 문물제도를 버리고 근대적인 서양의 법식을 본받아 새 국가체제를 확립하려고 했다. 왕실 사무와 국정 사무를 분리해 궁내부와 의정부를 두도록 관제를 개편했고 의정부 아래에 내무·외무·탁지·법무·학무·공무·군무·농상무 등의 팔아문을 두었다.

청국과의 조약 폐지, 개국기원의 사용, 문벌과 신분 계급의 타파,

인재등용 방법의 쇄신, 노비제도의 폐지, 조혼 금지, 부녀자의 재가 허용 등 과감한 정치·사회 개혁을 추진했다. 경제적으로는 통화 정리, 조세의 금납제(金納制), 도량형의 통일, 은행 및 회사의 설립 등이 시도됐다. 하지만 갑오경장은 청일전쟁의 와중에서 일본군의 비호 아래 진행됐고 결국 대중의 호응을 받지 못했다.

요즘에도 정치인들이 자주 해현경장을 들먹인다. 예나 지금이나 동중서의 지적대로 개혁은 중요한 과제임에 틀림없다. 그러나 개혁을 구호처럼 외치고 노래처럼 불러도 정작 개혁을 성공시키기란 쉽지 않다. 개혁이 성공하려면 방향성과 방법론이 분명해야 한다.

우선 무엇을 개혁할 것인지에 대한 명확한 선택이 필요하다. 중구난방식으로 개혁을 추진하는 것이 아니라 우선순위를 정하고 선택과 집중을 해야 한다. 방향이 정해지면 어떻게 개혁을 할 것인지에 대한 올바른 방법론이 채택돼야 한다. 아무리 방향이 옳아도 위로부터 일방적으로 밀어붙여서는 갑오경장처럼 실패할 가능성이 크다. 공감과 동참을 이끌어내야 한다. 이를 위해서는 무엇보다도 소통이 중요하다.

기업의 혁신도 정부 차원의 개혁과 별반 다를 것이 없다. 정확하게 타이밍을 잡아 조직에 긴장감을 불어넣고 혁신을 도모하는 것은 경영자의 책무이기도 하다.

이데일리가 창간된 지 4년째인 2004년 상반기, 흑자행진을 하던 이데일리가 적자를 기록했다. 하반기 실적 전망도 매우 불투명한 상황이어서 그대로 가다가는 연간 적자가 불가피해 보였다. 실적이 나빠지는 것은 그만한 이유가 있기 마련이다. 누군가의 문제라기보다 조직 전체의 기강이 느슨해져 나타나는 현상이다. 출근 시간이 전반적으로 늦어지고 근태가 모호해진다. 영업 직원들이 외부 활동보다는 회사에 머무는 시간이 많아진다.

당시 이데일리도 영업 직원들이 느지막하게 출근해서 점심때가 되도록 회사에 머무는 것이 다반사였다. '왜 영업하러 안 나가느냐'고 물으면 '서류 정리를 해야 한다'고 답했다. 일선에서 전쟁을 치러야 할 병사들이 본부에서 뭉그적거리고 있으니 그대로 방치하다간 회사가 큰 위기를 맞을 형국이었다.

그해 8월 비상경영을 선포했다. 전 직원의 출근 시간을 1시간 앞당기고 매일 근무일지를 쓰도록 했다. 영업 직원들은 하루에 다섯 군데 이상의 거래처를 챙기도록 하고 매일 아침 영업회의를 통해 상황 보고를 하도록 했다. 특히 회사에서 해야 할 회의나 서류 정리 업무를 가급적 줄이도록 했다. 회사 차원의 해현경장을 단행한 것이다. 이 같은 조치에 힘입어 다행히 하반기 실적이 크게 개선되었고 가까스로 적자를 모면했다.

해현경장은 리더들의 연설문에 등장하는 상투적인 수사(修辭)로 여겨지기도 한다. 그러나 제때 혁신하지 않으면 조직은 무너지고 만다. 단순히 연설문의 한 구절로만 쓰이기에는 너무도 절박하고 무거운 말이다.

해현경장 : 거문고 줄을 풀어 팽팽하게 고쳐 매다.

| 解 | 弦 | 更 | 張 |
|---|---|---|---|
| 풀 해 | 시위 현 | 고칠 경 | 베풀 장 |
| 解 | 弦 | 更 | 張 |
| 解 | 弦 | 更 | 張 |
| | | | |
| | | | |
| | | | |

# 積羽沈舟

## 적 우 침 주

## 작은 것들이 쌓여 큰일이 일어난다

깃털이 쌓이면 배가 가라앉는다.
진나라 재상 장의가 위나라 애왕을 설득한 말에서 유래됐다.
아무리 사소한 문제라도 계속 쌓이면 결국 치명적인 결과를 가져온다.
반면에 아주 사소한 힘이라도
계속 보태지면 큰 성과를 이뤄낼 수 있다.
사소함은 중요하지 않다. 반복되고 누적되느냐를 생각하라.

위기는 언제든 찾아온다. 아무리 하찮은 일이라도 소홀히 하면 나중에 큰 화를 부를 수 있다. 세상에 어떤 일이든 하루아침에 갑자기 일어나는 것은 없다. 작은 것들이 쌓여 일어난다. 큰일이 일어나기 전에는 대부분 징조가 있지만 사람들이 이를 눈치 채지 못하고 그냥 지나친다.

가을날 낙엽을 쓸어두지 않고 며칠 지나 이를 한꺼번에 치우려면 몇 갑절 힘이 든다. 겨울날 눈을 제때 치우지 않고 수북이 쌓인 채로 방치하다가는 낭패를 당할 수 있다. 낙엽이나 눈이나 쌓이기 전에 미리미리 치우는 것이 상책이다.

'가벼운 깃털이라도 쌓이고 쌓이면 배를 침몰시킬 수 있다'라는 뜻을 가진 적우침주(積羽沈舟)라는 말이 있다. 한 나라가 망하는 것은 작은 문제들이 쌓이고 쌓여 이루어진다는 얘기다. 기업도 작은 적자가 계속 쌓이면 문을 닫을 수밖에 없다. 조그만 문제라도 그냥 지나치지 말고 평소에 해결해야 큰 재앙을 막을 수 있다.

중국 전국시대 때 진나라는 개혁을 단행해서 국력을 키웠다. 이에 주변국들은 불안을 느끼게 됐다. 제나라, 초나라, 위나라 등 여섯 나라가 연맹을 결성해 진나라에 대항하고자 했다. 이를 두고 '합종(合縱)'이라고 한다. 합종은 귀곡자의 문하에서 공부한 소진이 주창했다.

그러나 여섯 나라의 연합은 소진과 함께 귀곡자 밑에서 공부한 장의에 의해 와해됐다. 장의는 공부를 마친 후 각 제후국을 돌아다니면서 유세를 했다. 장의는 소진의 합종책보다는 진나라를 인정하고 섬기는 동맹을 맺어야 한다는 주장을 폈다. 또 진나라와 동맹하지 않는 나라들은 하나하나씩 격파해야 한다고 했는데 이를 '연횡(連橫)'이라고 한다.

장의는 원래 위나라 사람이었는데 진나라로 들어가 뛰어난 변설로 혜왕의 신임을 얻어 진나라의 재상이 되었다. 그때 진나라를 제외한 6국은 서로 합종을 하고 있었다. 장의는 연횡책으로 6국을 분산시키려고 했다. 그는 진나라 혜왕과 짜고 진나라의 재상 자리를 내놓았다. 장의는 위나라의 재상이 되어 진나라를 섬겨야 한다는 주장을 폈다. 그는 위나라 양왕에게 진나라에 투항하라고 권했다가 거절당했다.

양왕이 죽자 장의는 다시 왕위를 계승한 애왕에게 진나라를 섬기라고 권했지만 역시 애왕의 동의를 얻지 못했다. 이에 장의는 암암리에 진나라로 하여금 위나라를 공격하도록 해 위나라에 압력을 가하도록 했다. 그러고는 애왕에게 "깃털이 쌓이면 배도 침몰시킬 수 있습니다"라고 적우침주를 강조해서 말했다. 위나라에 불리한 사항이 누적되면 위나라가 멸망할 수도 있다고 말한 것이다. 애왕은 결국 진나라에 투항하게 됐다. 여기서 적우침주가 유래했다.

적우침주와 비슷한 표현으로 군경절축(群輕折軸)이라는 사자성어도 있다. 가벼운 물건이라도 수레에 많이 실으면 결국 수레의 바퀴축이 부러진다는 뜻이다. 작은 문제들이 쌓이고 쌓여 큰 재앙을 당하고 심지어 나라가 망하게 할 수 있다는 경고 메시지이다. 우리 속담에 '호미로 막을 것을 가래로 막는다'라는 말이 있다. 큰 위기가 닥치기 전에 작은 문제를 미리미리 해결하라는 이야기다.

세월이 흐르면서 적우침주는 여러 사람의 힘을 합치면 큰 힘이 될 수 있다는 의미로 사용되고 있다. 기업을 하는 입장에서는 작은 일이라고 소홀히 할 수 없음을 일깨워 주는 말임에 틀림없다. 성공은 사소한 일에서 시작되고 사소한 일로 실패할 수 있다.

적우침주 : 깃털이 쌓이면 배가 가라앉는다.

| 積 | 羽 | 沈 | 舟 |
|---|---|---|---|
| 쌓을 적 | 깃 우 | 잠길 침 | 배 주 |
| 積 | 羽 | 沈 | 舟 |
| 積 | 羽 | 沈 | 舟 |
| | | | |
| | | | |
| | | | |

## 집토끼를 챙겨야 산토끼도 온다

먼저 곽외로부터 시작하다.
연나라 소왕이 재상 곽외를 극진히 대하자
각지의 인재들이 모여들었다는 고사에서 유래한 말.
아무리 고객이 왕이라 해도, 동고동락하는 가까운 구성원이 더 소중하다.
주위를 먼저 챙기면 그들이 충직한 손발이 될 것이다.
조직 운영의 비결이란 멀리 있지 않다.


중소기업 CEO들을 만나면 대부분 인재 확보에 대한 애로사항을
털어놓는다. 중소기업은 브랜드 파워가 약하고 충분한 보상을 해
줄 수 없어 인재를 영입하기가 쉽지 않다. 물론 직원들에게 잘해주
고 싶은 마음은 있지만 형편이 여의치 않다는 것이다. 사정은 충분
히 이해할 수 있다. 그럼에도 불구하고 직원들에게 성심성의껏 보
상하려고 애를 쓴다면 외부의 인재를 영입하기가 한결 수월해질 것
이다.

행여나 인재에 대해서는 최선을 다해 보상하겠지만 지금 데리고

있는 직원들은 능력이 그것밖에 안 되기 때문에 어쩔 수 없다고 생각한다면 재고해 봐야 한다. 인재를 얻으려면 먼저 데리고 있는 직원에게 잘 보상해야 한다. 집토끼를 잘 챙겨야 산토끼를 불러올 수 있기 때문이다.

중국 전국시대 연나라는 힘이 약해 영토의 태반을 제나라에 빼앗기고 말았다. 이런 어려운 시기에 즉위한 소왕은 어떻게 하면 실지를 회복할지 고민했고, 그의 결론은 인재가 더 많이 필요하다는 것이었다. 어느 날 늙은 신하인 곽외에게 어떻게 해야 인재를 모을 수 있을지 방법을 물었다. 그러자 곽외는 소왕에게 옛 이야기를 들려주었다.

옛날에 어느 왕이 천리마를 한 필 갖고 싶어서 천금(千金)을 내걸고 천리마를 구했다. 하지만 3년이 지나도록 천리마는 나타나지 않았다. 어느 날 잡일을 맡아 보는 말단 신하가 천리마를 구해 오겠다고 자청했다. 왕은 그에게 천금을 주고 그 일을 맡겼다. 그는 수소문 끝에 석 달 뒤에 천리마가 있는 곳을 알고 달려갔다. 하지만 그가 당도했을 때는 애석하게도 그 말이 며칠 전에 죽은 후였다. 그는 오백 금을 주고 죽은 말의 뼈를 샀다. 왕은 죽은 말뼈를 가지고 돌아온 그 신하에게 실망해서 "과인은 산 천리마를 구하라고 했지, 죽은 말뼈를 사는 데 오백 금을 버리라고 하지 않았다"라며 신하를 크게 꾸짖었다. 그러자 그 신하는 태연하게 "이제 세상 사람들이 천리마라면 그 뼈조차 거금으로 산다는 것을 알았으니 머지않아 반드시 천리마를 끌고 올 것입니다"라고 진언했다. 과연 그의 말대로 1년이 채 안 돼 천리마가 세 필이나 궁으로 모였다.

이 이야기를 마친 곽외는 소왕에게 "전하께서 진정으로 인재를 구하신다면 먼저 신을 스승의 예로 대하도록 하십시오. 그러면 이웃나라 인재들이 곽외 같은 자도 저렇듯 후대를 받는다며 천리 길도 마다 않고 스스로 모여들 것입니다"라고 말했다. 소왕은 곽외의 말을 옳게 여겨 그를 위해 황금대(黃金臺)라는 궁전을 짓고 스승으로 예우했고, 생각대로 이웃 나라의 인재가 속속 연나라로 모여들었다. 그 가운데는 뒷날 제나라와의 전쟁에서 큰 공을 세우는 명장 악의, 음양오행설의 제창자인 추연, 대정치가 극신 같은 인물도 있었다. 소왕은 이들의 헌신적인 보필로 제나라를 쳐부수고 숙원을 풀었다.

여기서 선시어외(先始於隗)라는 말이 유래했다. 먼저 곽외로부터 시작하라는 말로 가까이 있는 사람부터 챙기라는 뜻으로 사용된다. 보상이 인색하면 인재는 떠나게 된다. 인재를 얻으려면 그에 걸맞은 보상 시스템이 필요하다.


기업이 인재를 얻어 성장을 하려면 인본주의 경영 철학을 가져야한다. 하지만 성과주의에 빠져 직원들을 들들 볶는 기업주가 적지 않다. 이들은 직원의 과로가 곧 수익의 원천이라고 생각하고, 잘해 줘봤자 나중에 배신당한다고 생각한다. 오너 일가라는 이유로 새파랗게 젊고 경험도 없는 사람을 아무런 거리낌 없이 중역에 앉힌다. 잠시 이익이 줄어들면 직원 수 줄일 생각부터 한다. 이런 기업에 근무하는 직원은 불안과 초조한 마음에 일손이 제대로 잡히지 않는다. 이런 기업이 과연 지속 성장을 할 수 있을까?

새로 성장하는 강소기업 중에는 인본주의 경영을 실천하는 회사들이 늘어나고 있다. 마이다스아이티는 세계 시장 점유율 1위를 차지하고 있는 구조설계 소프트웨어 기업이다. 세계에서 가장 높은 건물인 160층의 아랍에미리트 '브루즈칼리파', 버드 네스트(Bird's Nest)로 알려진 베이징 올림픽 주경기장 '냐오차오', 베이징 국제공항, 세계 최장 사장교인 중국 양쯔강 '수통대교', 비틀린 형태의 독특한 건축미를 자랑하는 46층 규모의 '모스크바시티팰리스타워' 등이 이 기업의 작품이다. 마이다스아이티의 창업자이자 CEO인 이형우 대표는 이런 말을 했다.

"돈만 쫓다 보면 그 돈을 만들어내는 주체인 사람을 보지 못한다. 결국 경영은 '사람'을 어떻게 이끌지 고민하는 것이다. 사람은 행복을 추구한다. 그렇다면 자연스럽게 행복에 대해서도 생각해 봐야 한다. 직원들 각 개인의 행복을 위해 회사를 운영하는 것, 그것을 통해 회사 전체의 성공을 이끌어내는 것, 이것이 내가 추구하는 '자연주의 인본경영'의 핵심이다."

기업은 단순히 돈을 벌기 위한 곳이 아니다. 일을 하면서 행복할 수 있는 곳이다. 무조건 자식에게 경영권을 세습하려고 편법을 동원하는 것 역시 죄를 짓는 일이다. 회사를 가장 잘 성장시킬 수 있는 사람에게 경영권을 넘겨야 기업이 가치 있는 사회적 역할을 할 수 있다.

선시어외 : 먼저 곽외로부터 시작하다.

| 先 | 始 | 於 | 隗 |
|---|---|---|---|
| 먼저 선 | 비로소 시 | 어조사 어 | 높을 외 |
| 先 | 始 | 於 | 隗 |
| 先 | 始 | 於 | 隗 |
| | | | |
| | | | |
| | | | |

# 나와의 싸움에서는 스스로 선택해야 합니다

어릴 적 어머니는 저에게 홀로서기를 가르치려 무던히 애를 쓰셨습니다. 어려운 형편이지만 아들이 뜻을 꺾지 않고 꿋꿋하게 제 갈 길 가기를 바라셨지요. 어머니는 한학에 밝은 외할아버지의 글 읽는 소리를 듣고 자라며 고전의 지혜를 깨우친 분이었습니다. 그리고 이를 아들인 저에게 전해주려고 노력하셨습니다.

어머니는 고사성어를 그냥 외우게 한 것이 아니라 스토리텔링으로 재미있게 이야기해 주셨습니다. 나이가 좀 들어 고사성어의 유래와 뜻을 새길 때면 새삼스럽게 어머니의 이야기가 생각나곤 합니다. 그 많은 고사에서 어머니가 항상 강조하신 덕목은 바로 '인내'였습니다. 그래서였을까요? 언제부터인지 '백절불굴(百折不屈)'이란 한마디를 책상 앞에 붙여두고 늘 되새기게 됐습니다. 그리고 힘들 때마다 '수없이 꺾여도 굽히지 않는다'는 백절불굴의 뜻을 떠올리며 '나는 할 수 있다'를 외치는 습관이 생겼습니다.

세상을 살아간다는 것은 끊임없는 자신과의 싸움인지도 모릅니다. 상대가 있으면 책임을 넘겨버릴 수 있고, 변명도 할 수 있습니다. 그러나 나와의 싸움에서는 스스로 선(善)과 악(惡), 근(勤)과 태(怠), 진(進)과 퇴(退), 득(得)과 실(失)을 선택해야 합니다. 당연히 선택에는 고통이 따릅니다. 때로는 그 결과로 인해 심각한 시련도 찾아옵니다. 아쉬움과 후회도 남습니다. 그렇지만 누구도 선택을 피할 수는 없습니다. 시련은 누구에게나 걸림돌이지만 그것을 극복하는 사람에게는 디딤돌로 바뀝니다.

시련을 극복하기 위해서는 흔들리는 나를 잡아주고 무너지지 않게 지탱해 주는 운명 같은 한마디가 필요합니다. 마치 '백절불굴'이 나를 붙잡아주는 결정적인 한마디가 된 것처럼 말이지요.

요즘 세태를 보면 '꿈'을 말하기가 어렵습니다. 절대 바뀌지 않을 것만 같은 불합리한 시스템 속에서 개인의 꿈 따위는 어쩌면 사치일는지도 모릅니다. 어쩌면 꿈꾸지 않아도 인생은 흘러갈지 모른다 여길 수도 있습니다. 그래도, 그럼에도 인생은 꿈이 있어야 합니다. 무엇이든 하기 어려운 세상일수록 '그래도 나는 할 수 있다'는 생각을 가져야 합니다. 그래야 지쳐도, 꺾여도 다시 일어설 힘을 가질 수 있습니다. 그래서 살아남아야 합니다.

프랑스의 소설가 알베르 카뮈는 일찍이 아버지를 여의고 청각장애를 앓고 있는 어머니와 할머니, 형 그리고 두 명의 외삼촌들과 함께 살았습니다. 가난한 가정 형편 때문에 극심한 영양실조와 폐결핵에 걸려 정상적인 생활조차 불가능했지요. 그러나 그는 불행한 상황들에 굴하지 않고 문학을 향한 열정으로 가난과 질병을 극복했습니다. 삶의 아픈 상처들을 작품으로 승화시켜 많은 명작을 남겼고 44세에 노벨문학상을 받았습니다. 그런 카뮈는 "삶에 대한 절망

없이는 삶에 대한 희망도 없다"는 명언을 남겼습니다.

저는 아직도 세상은 꿈꾸는 자의 것이라고 믿습니다. 다만 꿈은 행동으로 이어질 때 빛을 발합니다. 꿈만 꾸고 행동을 안 하는 사람은 몽상가에 불과합니다. 꿈을 실현하기 위해 겪는 고통은 착한 고통입니다. 착한 고통을 회피하면 지독한 나쁜 고통에서 헤어날 수 없습니다.

『결정적 한마디』가 작지만 큰 꿈을 이루기 위한 당신의 여정에 조그만 등대 역할을 한다면, 그래서 당신이 인생의 한마디를 만나게 된다면 더할 나위 없는 기쁨이겠습니다.

# 역사 속
# 승자와 패자를 가른
# 결정적 한마디

초판 1쇄 발행 | 2016년 9월 25일

지은이 | 김봉국
펴낸곳 | 주식회사 시그니처
출판등록 | 제2016-000180호
주소 | 서울시 마포구 큰우물로 75 1308호(도화동, 성지빌딩)
전화 | (02)701-1700
팩스 | (02)701-9080
전자우편 | signature2016@naver.com

ISBN 979-11-958839-0-5  03320

값 17,000원